Michael Naura

Cadenza
Ein Jazzpanorama

Mit farbigen Cartoons vom Autor,
Fotos von Christina Naura sowie von beiden
gestaltete Collagen

Europäische Verlagsanstalt

Der Autor dankt:
Jobst Plog, Henri Regnier, Tim Bontjes van Beek,
Alice Babs und, last but really not least, seinem trefflichen
Ehe-Gestirn Christina.

Informationen zu unseren Verlagsprogrammen finden Sie
im Internet unter www.europaeische-verlagsanstalt.de

Die Deutsche Bibliothek – CIP-Einheitsaufnahme
Ein Titeldatensatz für diese Publikation ist bei
Der Deutschen Bibliothek erhältlich

© Europäische Verlagsanstalt | Sabine Groenewold Verlage,
Hamburg 2002
Umschlaggestaltung: projekt ® | Walter Hellmann, Hamburg
Umschlagfoto: © John Spragens, Jr.
Signet: Dorothee Wallner nach Caspar Neher »Europa« (1945)
Herstellung: Das Herstellungsbüro, Hamburg
Druck und Bindung: Clausen & Bosse GmbH, Leck
Alle Rechte vorbehalten
Printed in Germany
ISBN 3-434-50537-7

Inhalt

Voltaire: Der Mann, der   7

Peter Rühmkorf: Haltbar bis Ende 1999   8

Sounds aus dem Blätterwald
    Thelonious Monk   11
    Der Begleiter   19
    Cecil Taylor   27
    Wynton Marsalis   32
    Dave Brubeck   49
    Albert Mangelsdorff   52
    Frank Sinatra   55
    Pat Metheny   58
    Hildegard Knef   61
    Miles Davis   63
    Jan Garbarek   66
    Abdullah Ibrahim   69
    Stan Getz   72
    Moscow Art Trio   75
    Bill Evans   78
    Lester Young   81
    Keith Jarrett   83

Naughty by Naura
    Ruhe sanft, Jazz   86
    Music and all that sex   89
    Konvention und Jazz   91
    Welchen Jazz hört Gott?   93

Sieben purpurne Märchen   95

Briefe an Naura
    Michael Naumann   *104*
    Joachim-Ernst Berendt   *105*
    Friedrich Gulda   *111*
    Carla Bley   *113*

Widmungen
    für Georgetta   *116*
    für Carla Bley   *119*
    für Jobst Plog   *122*
    für Peter Rühmkorf   *125*
    für Simon Nabatov   *127*

Bauchspeicheldrüsen-Blues
    Leo Naura – Doletzki auf Reisen   *142*
    Bauchspeicheldrüsen-Blues   *144*
    Wider das Panschen!   *146*
    Jazz, die 60er und der Mond   *148*
    Jazz, die 70er und ISIIDS   *150*
    Das DDR-Raumschiff   *151*
    Frikadellen   *153*
    Miriam in Berlin   *155*
    Der Mutant   *157*

Choral für Rex Gildo
    Choral   *160*
    Über Neuerungen   *162*

Nachzügler   *164*

Nachwort   *169*

Textnachweise   *170*
Werke   *172*

Voltaire

Der Mann, der von einem Kirchturm herunterfällt,
sich in der Luft ganz munter fühlt und sich sagt:
»Schön, wenn es nur so weitergeht«, der Mann bin ich.

Peter Rühmkorf
Haltbar bis Ende 1999

Für Michael Naura, den Krapotkin des Pianos

Relativ neu im Showgeschäft
Ist P. R.
Er ist bei andern Textmachern in die Lehre gegangen,
George Greflinger, Jaicee Gunther, old Danny Lohenstein,
überall mal'n bißchen gespickt,
den Kiebitz gemacht und die wichtigsten Griffe abgekloppt;
nun hat er aber mittlerweile ein eigenes
kleines Podest erklommen:
da muß jetzt nur noch ein paarmal der Regen drüberfallen
und ein bißchen Sonne draufscheinen –
Najanu, hier wird zwar keine Epoche gemacht,
aber doch ganz schöne Musik.

Ich bin so'n Nonstopcharakter, wie soll ich sagen,
so ein eiliges Bleistiftgesicht.
Kaum daß ich ausgeschlafen hab,
rasen schon meine sämtlichen Nerven mit mir los,
eine Litfaßsäule törnt mich an,
selbst Erdgas wirbt schon mit Titten;
man muß den Menschen vermutlich öfter mal sagen, daß sie
     vorübergehn,
sonst bleiben sie stehen – – –
Nebenbei, seit einigen Jahren, drei oder vier,
laß ich nur noch das Glück an mich rankommen.

Mein Leben in Reinschrift?
Wen geht das schon was an.
Ich frage, wollen wir hier nun ein Papier erarbeiten oder
lieber nachsehen, wo noch'n klein bißchen Leuchtstoff rum-
    hängt?
N i h i l i s t i s c h e   N a c h t s p a n n e r ,
nicht ins Bett zu kriegen;
B o u l e v a r d z i r p e n , richtigenoch,
mit'm handgezogenen Heiligenschein;
S e l b s t t r a g e n d e   C h a r a k t e r e ohne groß
    Entfremdung und Blaba
(Woher kommt der Mensch, in der Art,
und welcher Partei soll er sich anschließen) – A b e r
die Hand ganz locker an der Tube, die eine Hälfte schon
    umgerollt, die andere stündlich auf Abruf,
s i c h   s e l b s t   a u s q u e t s c h e n   u n d
– im Ernstfall gegen auch die eigene Natur –
– aus einer Meise einen Mythos machen.

Kommkomm, die Haare liegen doch, der Schal sitzt.
Irgendwann muß sich einer vermutlich entscheiden,
ob er Dichter oder Pressereferent werden will:
Andere in deinem Alter
bieten heut schon den Landesvater;
andere lungern noch immer herum, wo's grad was zu glauben
    gibt –
Ich aber sage euch, dieses totenwurmhafte Geticke
darf doch nicht alles sein.
H i e r   i s t   e i n   r i c h t i g e s   H e r z ,   d a s   s c h l ä g t !
N i c h t s   d r u m h e r u m .

H e r b s t   d e s   L e b e n s ?   E r n t e ?
Die Natur ist kein Beispiel.

10 Während die junge Welt schon wieder turnt
und sich das Rauchen abgewöhnt,
experimentier ich mit all meinen Öffnungen.
S e i n, richtig wirklich s e i n muß nämlich nichts.
Nichtmal Kultur, Tevau, die Hoffnung hinterm Auge, Zukunft
    vorm Gesicht,
von euern Butterfahrten und Initiativausschüssen
völlig zu schweigen;
aber diese ausgesuchten Versorgungsklappen zur Schöpfung
m a c h   i c h   n i c h t   z u !
Wennshochkommt, ein paar letzte Dinge an sich selbst vorneh-
    men.
Keinen Putz! das ist nun mal Seelenleben hier.
U n d, wie gesagt oder nicht:
Wer nicht lieber lebt als schreibt, kann das Dichten auch ganz
    aufgeben.
Sekunde, Lissy, leg noch schnell'n neuen Dosendeckel auf
(es muß ja nicht gleich was für die ganze Ewigkeit sein;
bloß so mit diesem gewissen
metaphysischen Biß):
H a l t b a r   b i s   E n d e   1 9 9 9

Sounds aus dem Blätterwald

Michael Naura im Gespräch mit Carl Philipp Emanuel Bach

Fürwahr, Sie haben Recht, Herr Bach, aber Sie kannten Thelonious Monk nicht. Womöglich hätten Sie sich noch heftiger echauffieret. Bitte begeben Sie sich, verehrter Herr Kollege, mit mir auf eine Zeitreise. Hamburg an der Elbe. Wir schreiben das Jahr 1962. Ein großes Hotel. In einem Zimmer liegt ein dunkelhäutiger und bärtiger Amerikaner mit nacktem Oberkörper auf dem Bett. Er wirkt abwesend. Er diktiert einem Zimmermädchen seine Wünsche für ein Abendessen in den Notizblock. Thelonious Monk. Jazzpianist. Komponist, als solcher ebenbürtig in einer Reihe stehend mit Charles Ives, John Cage, Steve Reich, Duke Ellington. Allerdings, seine Kanonisation als Pianist steht noch aus. Nur einige Verrückte preisen den Tasten-Künstler Monk. Zu ihnen gehört der österreichische Pianist Fritz Pauer, der gesagt hat: »Sein Spiel enthält auch alle Komponenten des Lebens – Humor, Weisheit, Freundschaft, Liebe, Spontanität und Reaktionsfähigkeit.« Auch ich greife in die Harfe und singe das Hohelied auf den Pianisten Monk. Es ist das Lied von einer langen Geschichte, die ich jetzt erzählen will, großer Meister Bach. Als ich nach 1945 in Liebe zum Jazz, zu seinen Pianisten entbrannte, da legte sich sofort etwas Lähmendes auf mein junges Gemüt. Ich dachte, das wirst du nie schaffen. Diesen elegant moussierenden Swing des Teddy Wilson, unmöglich für dich. Dieses aberwitzige Akkord-Verzögern des Erroll Garner, das inzwischen deutsche Zahnärzte auf ihren Standesfeten so trefflich nachzuäffen verstehen? Zu schwer! Fahrt dahin, ihr geliebten Vorbilder. Meine Pubertätsakne glühte. Ich wich am Klavier auf Stan Kenton aus. Auf die Dauer zu kalt. Dann aber hörte ich zum ersten Mal Thelonious Monk. Was heißt hier hören? Er kam über mich, er nahm Besitz von mir, er erfüllte mich mit Hoffnung wie einen Schiffbrüchigen, der am Horizont einen Dampfer erblickt. Ich glaubte nämlich einen Pianisten gefunden zu haben, dem ich eines Tages gewachsen sein würde. Sie haben geschrieben, Herr Bach: »Man verlanget noch überdies, dass ein Clavierspieler Fantasien von allerley Art machen soll.« Ich stimme Ihnen zu. In Monk hatte ich meinen geistigen Fantasie-Vater gefunden, der auf wundersame Weise zu fantasieren, heute würden wir sagen zu improvisieren, verstand. Und zwar in einer technischen Manier, die mich nicht ängstigte. Und das war mein größter Fehler, bei meinem Barte. Ich dachte, wenig Noten zu spielen sei leicht. Ein Klavier donnern zu machen, das sei das Schwierigste. Heute weiss ich, es ist genau umgekehrt. Nichts gegen die Vertreter des Belcanto-Jazzklaviers, gegen die Exzellenzen der Piano-Pracht, nichts gegen Oscar Peterson, ja, auch nichts gegen Keith Jarrett. Ich bin doch kein Selbstmörder. Sollen sie doch am Flügel wallen und fluten lassen, bis Flocken aus den Stahlsaiten fliegen. Sollen sie doch ihre rasenden Läufe zu Kopf steigen lassen und mit ihren blumigen Harmonie-Landschaften uns wie von Baudelaire trunken machen:

Lecteur, as-tu quelquefois respiré
Avec ivresse et lente gourmandise
Ce grain d'encens qui remplit une église,
Ou d'un sachet le musc invétéré ?

Ich aber begann meinen Monk zu lieben, der mich Joseph Roth abwandeln liess: »Es ist unmöglich, sich an Monks Piano zu berauschen. Es ist immer nüchtern. Wie ein leeres, allerdings sehr schönes Glas.« Monk erschien mir anfangs wie ein pubertierender Knabe, für den ich fast Zärtlichkeit empfand. Damals ahnte ich nicht, dass auf Thelonious Monk wohl jener waghalsige Ausspruch von Liszt zutrifft: »L'adolescent, l'homme, le Dieu.«

Monk wurde so gut wie gar nicht auf herkömmliche Art am Klavier unterwiesen. Es gab keine Klaviertante, die ihm dies einprügelte: Adagio, Largo, Lento, Grave, Andante, Andantino, Larghetto, Moderato, Allegro assai, Presto, Vivace. Stattdessen hat er vor Ort, das heißt in Kneipen, Bars und Etablissements, die Tradition des Harlem Stride auf sich wirken lassen. Um-Pah, Um-Pah mit der linken Hand. Die rechte gewitterte später in Richtung Pianoforte horribilis des Cecil Taylor. In Berlin nannten wir das »Stube und Küche«. Monk wächst heran in der Wärme von Willie the Lion Smith und Fats Waller.

Friedrich Gulda schreibt: »Der Jazzer beginnt bei der Musik und bekommt später eventuell ›Technik‹.« So ist es. Thelonious Monk hat sich gerade so viel Technik, also »Geläuf«, aneignen können, wie er brauchte. Sie entzieht sich der klassischen Elementarlehre der Musik. Eine Art von Eremiten-System. Hören Sie doch, verehrter Bach, was unser Bruder im Geiste, George Gruntz, zu berichten weiß: »Der Schock war riesig, als ich Monk zum ersten Mal ›live‹ im New Yorker ›Five Spot‹, zu Flügelfüßen sitzend, Klavier spielen sah: ähnlich wie bei der Rasierklingenmetapher durchzuckte es meinen ganzen Körper, Monks autodidaktische Fingerakrobatik erlebend, jede Sekunde um einen Fingerbeinbruch zitternd ... Bei geschlossenen Augen klangen seine Ganzton-Läufe nach wie vor behände. Aber eines wurde klar. Sein Kompositions- und Interpretationsstil sind zwangsläufiges Ergebnis einer einmalig persönlichen, eigenartigen Klavierspieltechnik. Die rhythmisch-harmonische Vertikale herrscht vor, die melodische Horizontale bleibt meistens Fragment, es sei denn, zwei Finger verweilten auf einem langen Triller oder spielten ein Tremolo oder es käme zu einem der typischen klischeehaften Läufe.«

Trotz aller Erfolge blieb Monk ein Fremder. In dem Sinn, wie es der Schriftsteller Lawrence Shames von Glenn Gould behauptet hat. Er sprach von dessen »echter und tiefer Fremdheit«.

Wir können auch von Monks Geheimnis sprechen. Albert Einstein: »Das Schönste, dem wir begegnen können, ist das Geheimnis. Es ist die Quelle aller wahren Kunst und Wissenschaft.«

Monk ist einfach nicht zu fassen. Gemessen an den üblichen Kategorien klingt er wie der ewige Abc-Schütze des Klaviers. »Das können wir auch«, sagen Frau und Herr Kannitverstan und wenden sich lieber ihrem eleganten Chopin zu. Dort perlt und rauscht es, und eine anämische Schattierung jagt die andere. Der Mensch wird besoffen davon. Monk dagegen klingt bockig, sperrig, knöchern. Ein Genie des Weglassens scheint die Tasten zu schlagen. Der Bürger, der Eisbein in sein Hemd schwitzt, fasst sich an den Kragen. Das soll er auch. Es ist gut, dass Monks Musik so ungemütlich ist, wo doch der Jazz immer wieder Gefahr läuft, sich seine Stacheln abkaufen zu lassen, auf die Luderbahn zu geraten, gelegentlich schon mal in die Nähe der Claydermanschen Kotze gelandet ist. Monk war nie der Fatzke, der sich Trends, Moden oder anderen Hurereien angedient hat. Er lebte gleichsam wie unter einer Glocke und konnte so eine völlig einzigartige Identität entwickeln. Auch dann, als er Anfang der vierziger Jahre in New Yorks 52nd Street mit Dizzy Gillespie, Charlie Parker und anderen revolutionären Gesellen den Swing aus den Angeln und den modernen Jazz aus der Taufe hob. Wenn er dann im Morgengrauen nach Hause tappte und seine Wohltäterin, die Baronin Nica Rothschild de Koenigswarter, ihm die Karakulschaf-Mütze abnahm, dann war er wieder in seiner klösterlichen Enklave der Geist, der an einem Paradigma der Musik arbeitete, an einem Eindampfen der Komplexität der Musik auf ein extrem persönliches System der Strukturen, das im Kern asketisch ist und eine Absage an das Opulente, Verfettete, Überladene, ja gedankenlose Schwelgen bedeutet. Dabei geht Monk nicht wie Schönberg vor, den Boulez »geradezu den Prototyp für die Erforschung einer neuen Sprache« genannt hat.

Nein, Monk überlässt sich völlig seinen Eingebungen. Er

lässt die Musik sozusagen zu sich kommen. Und es erscheint heute wie ein Wunder, dass das Lebenswerk dieses Mannes, das ohne jede kompositorische Bildung entstand, einen so gewissermaßen endgültigen Charakter hat. Monk to end all Monks. Monk war so gesehen ein Naturbursche in den Straßenschluchten von New York. Dabei hatte alles ganz behütet angefangen. So ein braver Junge. Wollte erst Trompete spielen, Mami sagte aber: »Du spielst Klavier.« Fortan begleitete der kleine Monk seine singende Mutter in Baptistenkirchen. Aber schon geben die Nörgler keine Ruhe. Ihnen liest der Pianist Bill Evans die Leviten: »Macht keinen Fehler! Dieser Mann weiß in theoretischer Hinsicht genau, was er tut. Alles ist nach einer höchst persönlichen Terminologie gestaltet und stark durchorganisiert. Wir können ihm dankbar sein, dass er Begabung, Verständnis, Drive, Mitgefühl, Fantasie – und was sonst noch den totalen Künstler ausmacht – vereint hat, und wir sollten auch für eine so direkte Aussage in einer Zeit unüberwindlicher konformistischer Zwänge dankbar sein.«

Kürzlich ging bei mir das Telefon. Der Nachbar von nebenan meldete sich: »Ach, könnten Sie bitte aufhören zu üben, unsere Tochter schläft gerade.« Komisch, der besorgte Vater hörte durch die Wand nicht mich, sondern Monk auf einer Platte. Monk tappte durch den Blues »Functional«. Anschlag: wie die Axt im Walde. Technik: wie bei einem Handversehrten. Und dennoch: reinste Musikhypnose für alle, deren Ohren noch nicht völlig von Radio Plem Plem versaut worden sind. Große, magische Sicherheit. Die pianistische Frage bei Monk lautet: Kann der nicht anders, oder will der nicht anders? Es ist beides. Der Charlie-Parker-Biograph Ross Russell hat den Pianisten erlebt: »Er spielte in einem linkisch wirkenden Stil, die Finger flach über die Tasten gespreizt. Bei Monk hatte man das Gefühl, die Musik würde aus dem Instrument herausgequetscht wie der Saft aus den Trauben. Manchmal schlug er alle 12 Töne einer Oktave zugleich an, wobei er die Daumen auf zwei Tasten zugleich drückte. Wenn er spielte, hielt er seinen Kopf angewinkelt, das Kinn erhoben, die Augen hinter dunklen Gläsern verborgen, schien er den Akkorden und ihrem Widerhall nachzulauschen. Zu Hause verbrachte er Stunden um Stunden am Flügel, übte zu jeder Tages- und Nachtzeit, versuchte alle möglichen und unmöglichen Klangkombinationen und starrte nach oben, gefangen in der selbstgeschaffenen Architektur der Klänge und den narzisstischen Reflexionen des Spiegels an der Decke.« Der Komponist Gunther Schuller bemerkt: »Monks Finger sind nie in der orthodoxen Position, sondern sie agieren auf einer flachen, horizontalen Ebene. Das determiniert eine Reihe von Charakteristika in seiner Musik.« Da haben wir's: Thelonious Monk gibt der Schule der Geläufigkeit, um nicht zu sagen der Geschwätzigkeit, eins in die Fresse. Aber das kann doch nicht alles sein. Monk, dieser schräge Fürst in des Wortes allerehrerbietigster Bedeutung, hat gottlob noch mehr zu bieten. Ich behaupte frech, das Rätsel Monk liegt in Monks Mut begründet. In seiner wundervollen Unverfrorenheit, wie er mit Melodien und Rhythmen umspringt.

Sie sagen, Bach, das wäre alles gut und schön, »nur wäre es zu wünschen, dass die Unterweisung auf diesem Instrumente hin und wieder etwas verbessert, und das wahre Gute, welches, wie überhaupt in der Musick, also besonders auf dem Claviere noch bisher bey wenigen anzutreffen gewesen ist, dadurch allgemeiner würde«. Erlauben Sie, Herr Kollege, dass ich widerspreche. Wie viele ölige Pianisten gibt es auf dieser Welt! Doch dieses piano pauvre unseres Freundes, diese geniale Asymmetrie auf den Tasten, dieses tapfere Anspielen gegen die Zentrifugalkräfte des Gewöhnlichen, diese Schöpfung von einer Art »Kubismus« im Piano-Jazz, das muss bewahrt werden, darf nicht aus seinem heiligen Schlaf erwachen. Doch wieviel Monk-Strahlung verträgt ein gewöhnlicher Sterblicher? Bach: »Sie meinen wieviel Freyheit wider den Tackt?« Die Schmerzgrenze ist wahrscheinlich bei seiner Solo-Aufnahme von »Just a Gigolo« erreicht. Sie kennen dieses österreichische Würschtl von Musik aus dem Jahr 1929 nicht? Seien Sie froh! Louis Armstrong hat sich damit schon 1930 besudelt. Thelonious Monk begann erstmals 1954 mit der »Verwandlung des Gigolo«. In was? Wir werden sehen. Monk kann unmöglich Alfred Brendels Arbeitsmaxime gekannt haben: »Ich warte darauf, bis mir das Stück allmählich sagt, was es will und woraus es besteht.« Beim »Gigolo« hätte Monk warten können, bis er weiss wird. Er spielte es als Solostück. Angeblich fliesst ja alles. Nicht bei Monk. Er stolpert, holpert, stürzt und stockt, dass alle Klavierschulen der Welt sich in den Regalen krümmen. Meine blinde Tante Sophie würde sagen: »Mein Gott, muss denn dieser einarmige Mensch Klavier spielen?« Und mag Steve Lacy noch so oft beteuern: »Monk hat seine eigene Poesie, und man muss ihre Zerbrechlichkeit erkennen«, ich erkenne in diesem Klaviersolo bestenfalls dieses: Da stelzt einer arthritisch über die Tasten. Ein Seevogel auf der Suche nach Wattwürmern. Nach einem Wort des Dichters Rühmkorf nenne ich das: Monk macht aus einer Meise einen Mythos. Sie, Philipp Emanuel Bach, werfen jetzt erregt ein, der Mann sei »durch falsche Vorschriften verhudelt worden«. Vielleicht haben Sie Recht, Meister, aber nur ganz geringfügig. Die wunderbaren violetten Sonnen, die Artaud bei van Gogh entdeckt hat und die auch über Monks Klavier zu stehen scheinen, werden davon nicht verdunkelt. Salve Monk. Salve Thelonious Rex.

Der Begleiter

Klatsch, klatsch, klatsch, klatsch. Die Leute waren verrückt nach ihr. *Klatsch, klatsch, klatsch.* Wir waren jetzt auf der Bühne, die Sängerin mit ihrem Trio, und obwohl mich die Scheinwerfer blendeten, sah ich ganz deutlich ihren Rücken. Eingerahmt in einem waghalsig ausgeschnittenen Abendkleid, erinnerte er mich sofort an ein Pin-up-Foto von Betty Grable. »The famous Grable pose – with the ›million dollar legs‹ – that helped win World War II. The G.I. demand for this pin-up ran as high as 20 000 per week. It was printed in ›Time's‹ overseas edition, as well as in ›Yank‹, the official G.I. magazine, and as late as the 1950s it appeared on material designed to teach Army recruits how to hit their mark.« Masturbationshilfe für amerikanische Rekruten. Der Rücken der Sängerin war viel magerer. Es war der Rücken einer Ziege. Er ging in unscheinbare Hinterbacken über, zwischen denen der Stoff klemmte. Beine wie Katrin Krabbe. Am rechten Knöchel Goldkette. Hochhackige Pumps. Ich sah noch, wie die Muskeln ihrer rechten Wade sich anspannten, da drehte sie sich zu mir um, ich sah ihr unter der dicken Schminke schnapsgeprüftes Gesicht, über dem, ganz Betty Grable, wie bei einem Appenzeller Huhn diese alberne Haartülle thronte, und sie sagte einfach: »Blues.« Ich begann sofort mit einer Einleitung in F-Dur, und der Schlagzeuger nahm den Faden auf, und der Bassist spendierte ein ganz tiefes, sattes C. »Guter Anfang«, dachte ich noch, da dreht sich die Sängerin um und zischt: »G-Dur.« Ich war so verdutzt, dass ich sofort die Hände von den Tasten nahm. So muss sich ein Kellner fühlen, dem man soeben mitgeteilt hat, dass er das Menü lauwarm serviert habe, verdammt. Okay, baby, let's do it in G, even highly educated fleas do it, let's play in G.

Der Blues begann sich seinen Weg zu bahnen durch diesen Grand Canyon aus zwölf Takten und drei Harmonien und, yeah, die Sängerin pumpte sich gewaltig auf und spuckte den Blues aus: »My daddy come home this morning drunk as he could be ...« Die Leute schrien: »Ja, so ist es.« Eine Frau schoss ihr hassglühendes »Scheißtyp« ab, in diesem Augenblick gab uns die Sängerin ein Zeichen. Sie wollte einen Break. Die Königin des Abends, mitten im Schwänzeltanz, signalisierte ihren alleruntertänigsten Arbeitsbienen: »Ich will einen Break. Jeden Takt einen Break.« Und sie bekam ihn. TACK, TA. Zum Teufel, der Schlagzeuger schlampt die Eins. Schon wieder besoffen. Der Bassist ist auch weit weg. Aber die Sängerin, unaufhaltsam, triumphierend, hat jetzt ihr astrales Solo: »If you don't like my ocean ›TACK‹ Don't fish in my sea ›TACK‹ Stay out of my valley ›TACK‹ And let my mountain be ›TACK‹.«

Geht es so zu zwischen Jazzsängerinnen und den sie begleitenden Musikern? Ich behaupte ja, das ist oft genug die Wirklichkeit im Jazz. Immer noch hierarchische Strukturen, selbst in kleinsten Ensembles. Gerald Moore war einer der überzeugendsten Begleiter im Bereich der Klassik. Er war der Mann am Klavier für Elisabeth Schwarzkopf. Die Sopranistin schrieb eine zarte Widmung in Gerald Moores Erinnerungen »Bin ich zu laut?«: »Bist Du bei mir, geh ich in Frieden – auf Flügeln des Gesanges.« Treffender kann man die seelische Beziehung, die zwischen einer Sängerin und ihrem Pianisten stehen sollte, nicht beschreiben. Dabei geht es nicht so sehr um die physische Präsenz als um die kapillarfeinen Schwingungen innerhalb dieser Verbindung, in der beide aufeinander angewiesen sind. Und das braucht Zeit. Diese im Jazz oft übliche kaltschnäuzige Addition von Rhythmusgruppe und einer aus der Ferne herbeigekarrten Sängerin bestätigt nur den Walt-Disney-Effekt: am Klavier die Maus, davor die miauende Katze. Von Frieden auf den Flügeln des Gesanges keine Spur. Da wird geherrscht und gedeckelt. »Was, Sie können

›All the things you are‹ nicht in H-Dur spielen?« Können schon, Verehrteste, aber nicht sofort.

An dieser Stelle sollten wir uns zunächst der Arbeit von Gerald Moore zuwenden, nur um zu sehen, wie selbstkritisch, sacht und zärtlich er sich seiner Musik zu nähern versucht: »Man gestatte mir den Versuch zu erklären, weshalb ich glaube, dass ›Wanderers Nachtlied‹ viel Nachdenken und Vorbereitung braucht.

Es ist ein langsames, weihevoll ruhiges Lied mit einer ›von Akkorden geprägten‹ Begleitung. Goethes Worte beschreiben die Nachtszene, die Stille auf dem Berggipfel, sogar ›die Vöglein schweigen‹, alles ist Frieden. Und dann: ›Warte nur, warte nur, bald ruhst auch du.‹ Die Einleitung zu diesem Lied besteht aus acht oder neun Akkorden, die in wenigen Sekunden gespielt werden.

Dynamisch ist dieses kleine Vorspiel durchweg pianissimo, aber innerhalb dieses Pianissimos muss ein leichtes Ansteigen oder Anschwellen und ein darauf folgendes Absinken des Tons zu hören sein. Es ist ein Bogen – steigend und fallend; es ist der sanfteste aller ›Bögen‹, in dem sich ein Akkord dem andern anschließt. So beschränkt ist der Raum, so gering der Unterschied zwischen dem leisesten und dem am wenigsten leisen Ton, dass alles verdorben ist, wenn der höchste Punkt des Bogens nur um einen Bruchteil überschritten wird. Wenn auch jeder der Akkorde seinem Nachbarn verwandt und verbunden ist, hat doch jeder ein anderes Gewicht, und der Unterschied beträgt nicht mehr als eine Feder. Man muss sich beim Üben des Liedes selbst sehr kritisch zuhören. Man experimentiert. Man spielt so, dass man jedem Akkord einen gleichmäßigen und sanften Druck verleiht und der Ton weder steigt noch fällt – alles pianissimo. Dann versucht man das kaum merkbare Crescendo und Diminuendo zu machen, das in Wirklichkeit nötig ist, um dieser Phrase Form und Sinn zu verleihen. Wenn das Verhältnis aber nicht stimmte –

wenn man übertrieben hat –, so beginnt man nochmals. Jetzt tönen einem die Akkorde verschwommen, die Pedalgebung ist fehlerhaft, ein Akkord dringt in den anderen ein, anstatt dass sie, ohne verschmiert zu sein, sanft ineinander übergehen. Daran arbeitet man. Nun hat man das Pianissimo herausbekommen, beginnt aber zu merken, dass die Akkorde keinen Charakter haben – sie sind bleiern, und die ganze Phrase wirkt leblos. Also versucht man nun ganz zart zu experimentieren und gibt dem obersten Finger der rechten Hand eine Spur mehr Gewicht. Jetzt ist die oberste Note vorherrschend und singt deutlich über den tieferen Noten. Das ist zu viel, und man merkt es nochmals; dabei achtet man darauf, dass alle inneren Harmonien sowie die Bassoktaven deutlich hörbar sind – wenn auch noch so leise – und dass der Oberton, für den der eine Finger verantwortlich ist – es kann, je nach Art des Akkords, der dritte, vierte oder fünfte Finger sein –, so zart herausgehoben wird, dass kein Zuhörer bemerkt, wie der Spieler dieser Note mehr Nachdruck verleiht. Das ist sein Geheimnis. Dies alles zu versuchen ist die zauberhafteste Beschäftigung, die man sich vorstellen kann.«

Gibt es Zeugnisse dieser Art von Jazzpianisten? Nein, die gibt es nicht. Einer der wesentlichen Gründe dafür ist die Tatsache, dass sich Jazz im Kern nicht über das Geschriebene vermittelt. Ach, er lässt sich überhaupt nicht ans Papier fesseln. Jazz, das ist eigentlich der erzählende alte Mann, der unterm Affenbrotbaum sein Wissen an die neue Generation weiterreicht. »Wir sind eine große Familie«, sagt der Bassist Nils Henning Ørsted Pedersen. Er meint damit einen bestimmten Clan einschließlich Stallgeruch, für den der amerikanische Song die Bibel ist. Das Familiensilber. Dieser Clan macht noch alles mit der Hand. Er lehnt die Elektronik ab. So eine Art Amish People des Jazz. Ella Fitzgerald und Oscar Peterson gehören zu ihnen. Sie haben The American Songbook derart verinnerlicht, dass sie – aus dem Schlaf gerissen – auf der Stelle – sagen wir – »My Funny Valentine« vortragen können. Selbstverständlich ohne Noten und ohne jeden Fehler. Für diese schon fast mystische Gilde mit dem langen Gedächtnis gibt es ein wunderbares Beispiel. Im Mai 1975 befinden sich Ella Fitzgerald und Oscar Peterson in einem Tonstudio in Los Angeles. Fünf Duo-Aufnahmen entstehen mit Songs aus dem klassischen Repertoire des amerikanischen Showbusiness, und jede davon ist ein Juwel. Peterson, der für seinen muskulösen Swing berühmt ist, entfaltet eine Zartheit, die er mit dem Zupacken eines Fats Waller zu verbinden weiß. Oscar, oft die krachende Lokomotive auf den Saiten des Flügels, verwandelt sich in einen Begleiter, ja in ein falterähnliches Wesen, das die legendäre Sängerin umschwebt. Es entsteht eine Duo-Aura, die im Jazz völlig ohne Beispiel ist und die Ella Fitzgerald später auch mit ihrem Leib- und Magen-Pianisten Tommy Flanagan nicht erreicht hat. Petersen hat gesagt: »Pianisten sind immer etwas nach innen gekehrt, zum Teil allein schon wegen der Natur dieses Instruments. Und sie begleiten viel, Sänger und Bläser und andere Instrumente. Und das kann manchmal eine haarsträubende Erfahrung sein, wenn man auf den angewiesen ist, den man begleitet, und darauf, wie sich derjenige Abend für Abend fühlt. Und so bekommen einige Pianisten dann eine Art innerer Wut, die sie irgendwie zurückhalten. Und dann denken sie: ›Ich werde für diesen Typen spielen, was immer ich spielen muss, aber mehr als das geb ich ihm nicht.‹ Und wenn sie dann eine Solochance bekommen, legen sie los.« Das kann unmöglich für sein musikalisches Tête-à-Tête mit Ella Fitzgerald zutreffen, dieses Schulbeispiel für Empathie unter Musikern. Ella und Oscar musizieren mit der Gelassenheit und Selbstverständlichkeit eines Liebespaares, das sich seiner sicher ist. Sie werden offensichtlich von jenem »unfehlbaren Heimfinde-Instinkt« geleitet, von dem Glenn Gould spricht. Was das ist? Das ist das Gespür, Musik gemeinsam so zu durchmessen, dass man am Ende sagen kann: »Ja, wir sind angekommen, der Weg liegt hinter uns, Ruhe empfängt uns.« Vielleicht sind dies Augenblicke des Glücks in der Musik. Vergleichbar am ehesten mit einem vollendeten Gedicht. Es geht hier nicht um Oscar Petersons pianistischen Prunk, sondern um seine poetischen Qualitäten als Begleiter. Und das heißt auch, es geht um das Transluzidmachen des von der Sängerin vorgetragenen Textes, damit dahinter liegende Schichten deutlich werden. »Feuriger Schaum, wo Fleisch und Seele sich ineinander verkrallen«, um mit den Worten Apollinaires aus seinem Dritten Geheimen Gedicht zu sprechen. Balladen, Liebeslieder, das sind die Prüfsteine für begleitende Jazzpianisten. Petersons Klugheit ist, dass er nicht in jene Pseudo-Klavierromantik eintaucht, in der wie in einem Loch schon manch ein junger Pianist verschwunden ist, wenn das Tempo sich senkt. Als wäre Ella Fitzgerald Jessye Norman. Um Himmels willen. No moonshine sonata im Jazz, please! Lasst uns den Mondschein, dieses Restlicht, in eine Marinade aus Blues legen, scheinen Ella und Oscar zu sagen.

»I ain't had no loving«, TACK, »Since god knows when«, TACK, »That's the reason I'm through with these no good trifling men« ... Jetzt war sie so weit. Die Sängerin hatte sich in Wut gesungen, und zwar so, dass mit ihr nicht zu spaßen war. In solchen Zuständen pflegte Bessie Smith mit der Kanone zu ballern. In die letzten zwei Takte, die wir langsamer werden ließen, legte die Sängerin ein derart ungeheuerliches Geheul, dass sich mir die Nackenhaare sträubten. Das Trio, der abschließende Effsieben-Akkord, der Zigarettenqualm, das Rampenlicht, die ausgemergelte Sängerin, alles schien wie in einem gewaltigen Trommelwirbel ineinander zu fliessen. Yeahyeahyeahyeahyeah. Jetzt schrie auch der Schlagzeuger. Sonst wäre er geplatzt. Bevor dieser ganze gottverdammte Raum auseinander flog, brach die Sängerin den Wahnsinn ab, indem sie ganz plötzlich ihre rechte Faust öffnete. Hochgereckte Bluesklaue, an der die geschmacklosen Ringe funkelten. Alle waren wie betäubt. Ich sah, dass sie schweißbedeckt war, ihre Nüstern bebten, und sie rang nach Luft. Aber der triumphierende Ausdruck in ihrer Fresse schien zu sagen: »Merkt euch das alles, ihr Kakerlaken da unten.« Die Kakerlaken da unten, diese Menschenmasse, von der Thomas Mann gesagt hat, sie habe nur eine dumpfe, schwere Seele«, schwiegen eine kurze Weile wie auf frischer Tat ertappt. Dann begannen sie auf die Stühle zu steigen und füllten den Raum mit dem Indianergeschrei ihrer Begeisterung. Die Sängerin drehte sich um und rief mir ein Wort zu: »Things.« Ich wusste, dass ich mit Cole Porters »Just one of those things« anfangen sollte. Wird gemacht, Lady. Mitten in das Kakerlakenkonzert legte ich den ersten Akkord der Verse hin: A-Dur. Aber nicht wie ihn die nach Estée Lauder riechenden höheren Töchter von Hamburg-Eppendorf spielen, sondern ich gab ihr ein richtig dreckiges, beschissenes, durchgedrehtes A-Dur. Hab noch ein Dis reingetan und ein Ais. Klang verdammt gut, war fast schon ein Cluster. Und die Sängerin riss das Maul auf und knöpfte sich die erste Zeile vor: »As Dorothy Parker once said to her boyfriend.« Irgendwie nahm sie auf diesem »As« Platz und liess es mit Blue Notes nur so gespickt wie Hasenbraten mit Speckstreifen auseinander gehen. Ja, das tat gut. Ich liess die anderen Akkorde wattig fallen, und wir brachten die Verse gut hinter uns. Und dann schnippte mir die Sängerin das Tempo für den Refrain vor. Ich nahm den Groove auf und legte acht Takte hin. Irgendwie zwischen Bill und Oscar im Diskant, und meine linke Hand blieb ganz ruhig. Die Sängerin tauchte in den Song ein. Makellos. Ein singender Delphin. »It was just one of those things, just one of those crazy flings, one of those bells that now and then rings, just one of those things.« Der Bass spielte die fett-mütterlichen Halben. Reinste Ray-Brown-Schule. Was ist dagegen das hodenlose Flageolett-Gefiddel der Bass-Jugend? Besen rieben die Snare. Nicht schneller werden, Junge. Schön ruhig bleiben. Wir wollen's der Sängerin gut machen. Hey, die Sängerin lacht. Es geht ihr prächtig. Sie schwebt mühelos und leicht wie ein Nachtigallenpups in einen großartigen Scat ein. Dabdadibadaba. Yes, Lady, zeig's ihnen! Sie hat jetzt den Mikro-Ständer an sich gerissen und scheint mit ihm zu tanzen. Mensch, die Lady is' gut drauf. Sie zitiert Dizzy und Bird. Und die Kakerlaken juchzen. Und dann hat der Bassist sein Solo. Er beugt sich über dieses warm glänzende, barock geschwungene Gebilde aus Holz und macht sich an ihm zu schaffen. Wolllüstig. Danach: Vorsicht, da hinten sind schon die Klippen eines Tempowechsels. Double time, double time. Der Schlagzeuger hat zu den Stöcken übergewechselt, und »Things« bekommt eine tobsüchtige Note. Jetzt drängt jeder nach vorn. Kontrollverlust, wir preisen dich! Lady, beware the trio. Als die Sängerin und ihr Trio in die Zielgerade einschwenken, mystisch wie der plötzliche Richtungswechsel eines fliegenden Taubenschwarms, bekommt Porters Text die subtilen Qualitäten von Ahnung: »So goodbye, dear, and amen, here's hoping we meet now and then, it was great fun, but it was just one of those things.« Letzter Schlag auf dem Zildjian-Becken. Zonkkk! An der Rampe. Die Sängerin und ihr Trio. Alle gebadet in Beifall und Schweiß.

Afrika im Ellenbogen

Michael Naura über den amerikanischen Pianisten Cecil Taylor

Sie kommen von oben. Wie alles Gute? Wir werden sehen. Der amerikanische Pianist Cecil Taylor und sein Quintett aus zwei Saxophonisten, Bassist und Schlagzeuger poltern wie eine angeheiterte Kabuki-Theatergruppe von der Empore auf die Bühne. Sie singen und krakeelen, klopfen und scharren, und sie lassen sich Zeit.

Das Publikum in seiner Sehnsucht nach platonischer Reinheit wartet irritiert und gluckst. Eine Frau flüstert ob des irren Vorspiels. »Und dafür hab ich nun Geld bezahlt?« Madame, wenig Geld für einen großen Künstler, der wie kein anderer sich selbst die Treue hält. Auch wenn ihn Kollege Joachim Kühn zum Bullshit der sechziger Jahre rechnet.

Unheimlich und furchtbar wie Schiwa, der Gott, so mag er den Untrainierten erscheinen, wenn er, laut eigene Poesie rezitierend: »I'm so stoned/Deserts/Time/Touching/Past«, am Flügel Platz nimmt. Und sofort beginnt eine anderthalbstündige Schöpfung eines »Sound Poems«, die schließlich alle Seelen im Raum vibrieren lässt.

Auch jene, deren Abwehr Taylors Musik zunächst wie ein Virus mobilisiert. Von abendländischer Anschlagskultur kaum eine Spur. Stattdessen: Afrika.

Die Filzhämmer des gewaltigen Flügels verwandeln sich unter den Fingern, Handflächen, Ellenbogen und Unterarmen in die Trommeln der Dogon vom Nigerbogen und auch in die von Baby Dodds, der Schlagzeugerlegende aus New Orleans.

Sein durchaus meditativer Anfang in »Ashmumniem« treibt bald zu auf eine rabiate Verdichtung des Materials. Der Klang wird gleichsam zum Metall auf einem Amboss, und Cecil Taylor formt ihn Schlag auf Schlag. Seine Faust wird zum Hammer, der auf die Tasten saust.

Die Beherrschung von Glissandi und Clustern hat der eher zartgliedrige Amerikaner zu einer höchst subtilen und vitalen Prügel-Technik weiterentwickelt.

Cecil Taylor schafft es, sein Instrument in eine Magmakammer zu verwandeln, aus der faszinierende Protuberanzen flammen. Wenn Chick Corea, der Apolliniker, fordert: »Follow Your Heart«, dann antwortet Taylor: »Ja, aber folge auch deinen Därmen und deinen Hoden!«

Und wenn das Quintett nach den grafischen Anweisungen des Pianisten frei und im fröhlichen Chaos seiner Interaktionsdramen improvisiert, dass die Fetzen fliegen, dann duckt sich der Gebildete, und er denkt: Welch ein Grobianismus, was für rohe Sitten!

Genau diese Haltung hat dem Gesamtkunstwerk eine schreckliche Durststrecke beschert am Anfang seiner Klavierkunst. Taylor wurde in New York geboren. Vater: Koch. Mutter: Amateurpianistin und Hausfrau. Sie ermunterte den Knaben Cecil, ans Klavier zu gehen. 1952 Musikstudium am Bostoner New England Conservatory. Schon bald angewidert von der akademischen Welt. Hinwendung zu Duke Ellington, Thelonious Monk und Horace Silver. Zieht den Hut vor Igor Strawinsky. 1955 Schallplattenaufnahme in Boston. Er spielt im Trio mit Bass und Schlagzeug »Bemsha Swing« aus der Feder seines Idols Thelonious Monk. Schon damals stachlige Musik. Nix für den Feierabend. Zu skurril für die fingerschnippenden Jazz-Doofköppe aller Länder.

Diese Vorliebe für Sekunden, dieses Verwischen der Metren, dieser Mut, sich aus dem Laufgitter des Themas zu begeben, ohne hinzufallen, das kündigt schon früh ein gewaltiges Talent zur Unbotmäßigkeit, zum Outsider an. Cecil Taylor in Larvenform.

Was dieser Mann unerbittlich daraus formt, erschreckt die Jazzwelt. Nur wenige erkennen seinen Genius, seine heroische Kompromisslosigkeit, das Reine seiner Totalität, das Mönchische seiner Existenz als Musiker, der sich nicht beugen will. Und gebeugt haben sich viele seiner Kollegen. Miles Davis: »Plays For Lovers«; Count Basie: »Meets Bond«; Oscar Peterson: »West Side Story«; Kunstgewerbe. Auftragsarbeiten.

Von all dem Pipifax ist nichts bei Cecil Taylor. Aber dieser aufrechte Gang hat seinen Preis. Obwohl der Mann von der Zeitschrift Down Beat 1962 als »New Star« gekrönt wird, obwohl ihm nun auch einige Kritiker huldigen (ein Berufsstand, dem der Meister bis heute klinische Schwerhörigkeit attestiert), sitzen die Leute »vor seiner Musik mit offenem Maul, völlig paralysiertem Hirn und gänzlich unfähig, einen Drink zu bestellen«, erzählt sein ehemaliger Bassist Buell Neidlinger.

Kein Zweifel, Cecil Taylors extrem ausführliche Sets waren nicht beliebt bei Nachtklubbesitzern. Sie stellten sich vor ihm hin und fuhren sich mit der flachen Hand über die Kehle. Er solle sofort aufhören. »Aber das geht nicht«, erinnert sich Neidlinger, »das wäre so, als würde jemand beim komponierenden Strawinsky angerannt kommen und sagen: ›Hören Sie auf, Igor, wir müssen einige Drinks verkaufen.‹ Man kann Cecil Taylor nicht befehlen, er solle Schluss machen.« Es kam sogar vor, dass schwarze Klubmanager sich vor der Bühne aufpumpten und sagten: »Wir wollen diese Musik hier nicht hören. Du bist gefeuert.«

Eine Zeit der Prüfung brach an für Cecil Taylor. Nun priesen ihn schon manche Kritiker, doch es gab so gut wie keine Arbeit. Und wenn, dann waren die schäbigen Klaviere immer verstimmt, und auf den meisten Tasten fehlten die Elfenbeinbeläge, und die Gage war ein Butterbrot.

Es gab Zeiten, da musste er Fresspakete für Delikatessenläden ausliefern. Um nicht abzusaufen, hat er als Koch und Geschirrspüler gearbeitet. In Schallplattenläden musste er sich das Gelaber der Kunden anhören, und zur Weihnachtszeit konnte die Musikwelt ihm im Kaufhaus Macy's in der Fifth Avenue ein frohes Fest wünschen.

Nur: Cecil Taylor war auch in dreckigsten Zeiten kein schwarzer Hiob. Es widerte ihn an, aber es warf ihn nicht um. Er wurde bitter und sarkastisch.

Über Miles Davis entfuhr ihm damals: »Spielt ganz gut für einen Millionär, der Mann.« Und in einem Anfall von scherzerfülltem Größenwahn: »Durch meine Armut hat sich das Klavier weiterentwickelt, weil ich kein Geld hatte, es stimmen zu lassen. Gewisse Dinge sind dem Klavier widerfahren, eben weil ich es spielte.«

Es hat nicht an Versuchen gefehlt, ihn in die Nähe der zeitgenössischen Konzertmusik zu rücken. Immer wieder war von Bartók die Rede. Aber verglichen mit dessen Sonate für zwei Klaviere und Schlagzeug ist Taylor der reinste Feuerspeier. Und Stockhausen kommt gar nicht gut bei ihm weg: »He doesn't create any music. He never has created any music.«

Blanker Futterneid oder nicht – heute, nach durchgestandenen Demütigungen, nach zwei erstklassigen und hoch dotierten Kunstpreisen, die um seinen Hals baumeln, Guggenheim Fellowship und MacArthur, nach seinem Zwölf-Minuten-Ballett »Tetra Stomp: Eatin' Rain in Space« für Michail Baryschnikow und Heather Watts, nach zahllosen Konzerten rund um die Welt, die überall Verehrer auf Lebenszeit hinterließen, hat Cecil Taylor seinen Frieden mit der Welt gemacht.

Auf die Frage, wie er einem Kind seine Musik beschreiben würde, antwortet der freundliche alte Mann, der in Hosen von kaiserlichem Gelb steckt und dem die Rastazöpfchen abstehen: »Meine Musik ist meine Freude. Sie hat mir das Leben gerettet.

Sie erquickt mich. Sie lehrt mich, den Menschen zu dienen mit dem Besten meiner Gaben. Sie hat mir die Verantwortung übertragen, mich dem höchsten Punkt der Integrität anzunähern, zu der ich fähig bin.« Und weiter: »Als einem menschlichen Wesen kommt es mir darauf an, die Menschlichkeit in meinem Nachbarn zu erkennen.«

So spricht ein Mann, der sich endlich geliebt und geachtet weiß. Cecil Percival Taylor ist die Fleisch, Blut und Knochen gewordene Strophe des von ihm so geliebten Langston Hughes aus »I, Too, Sing America«: »... I am the darker brother. They send me to eat in the ... kitchen. But I laugh and eat well, and grow strong.«

Wahrhaftig, Cecil Taylor, amerikanischer Pianist, Komponist, Poet, Tänzer, Freund der Künste und der Architektur, ist, viel mehr als etwa Arnold Schwarzenegger, ein starker Mann.

32 Wo ist die Prise Götterscheiße?

Wynton Marsalis schafft es, auch noch Thelonious Monk philharmonisch zu entschärfen

Vor einigen Jahrzehnten hatte ich eine Erleuchtung. Sie kam über mich in New York. Es war ein verdammt heißer Sommer, und ich hatte mich in ein wundervoll altmodisches Hotel geflüchtet. Damals gab's noch nicht diese modernen Übernachtungs-Batterien, in deren gespenstischen Gängen man sich verirren kann. Also, ich stand im Ballsaal dieses Hotels, schlürfte einen duftenden Daiquiri und wartete auf Count Basie und Joe Williams. Wohlgefällig ruhte mein Blick auf den New Yorker Beauties. Ich musste an Shakespeare denken: »O Wunder! Was gibt's für herrliche Geschöpfe hier! Wie schön der Mensch ist! Schöne neue Welt, die solche Bürger trägt!« Ich ergänzte den Dichter: »... die solchen Basie trägt«. Ich forderte eine federleichte New Yorkerin auf, und wir tanzten und tanzten und tanzten.

An diese Szene muss ich denken, wenn mir die neuesten Wucherungen des Jazz durchs Gemüt ziehen. Wenn ich an den Jazz denke, dem man die kostbaren Knochen gezogen hat. Der mich an den Huhn-Ersatz McNuggets erinnert. Gulp! Ich gestehe, ich bin bekennender Ellingtonianer. Damit klar ist: Jazz muss sich in einem spezifischen Rhythmus-Spannungsfeld befinden. Sonst kannste den ganzen Krempel vergessen. Rhythm is my business. Ich rede jetzt keinesfalls irgendwelchen lahmarschigen Foxtrotts das Wort, sondern ich preise, zum Beispiel, den Swing-Exzess des Benny-Goodman-Quartetts mit Lionel Hampton (Vibraphon), Teddy Wilson (Piano) und Gene Krupa (Schlagzeug), als sie »I got rhythm« spielten. Das war anno 1938 in der Carnegie Hall. Was heißt hier spielten? Sie rasten, sie flogen, sie ejakulierten. Ein Esel, wer da nicht mit in die Höhe geht. Solch himmlische Höllenfahrten des Jazz gibt es in diesen Zeiten nicht mehr. Stattdessen erleben wir eine globale Massen-Kopulation der Stile. Jeder mit jedem.

Unterhaltsames Kasperletheater. Was da an hybriden Sounds herauskocht, ist zum Teil unappetitlich und überflüssig. Allerdings gelegentlich auch unterhaltsames Kasperletheater. Wie das Moscow Art Trio. Es ist das Parade-Beispiel für diese Dekadenz des Jazz, aus der eine neue Patchwork-Ästhetik hervorgeht. Sie ist virtuos und lustig. Etwas für kluge Lachsäcke. Die Ost-Musiker waten in musikalischen Scherzen, sicher und gekonnt. Wie ein Leopard, der einen Hirsch reißt. Würde Charles Bukowski sagen. Gutgut, aber irgendwie bleibt mir das Lachen im Gesicht stecken. Mir ist, als würde ich das ranzige Fett dieses musikalischen Rühreis riechen. Diese gut gemeinten Stinktöpfe gehen mir langsam auf die Nerven. Lächerliches Crossover. Am Ende wird man noch Dietrich Fischer-Dieskau den »St. Louis Blues« singen lassen.

Was ist zu tun? Der amerikanische Trompeter Wynton Marsalis hat eine Möglichkeit aufgezeigt. Er hat sich selbst zum Retter in der Not ausgerufen. Mit seinem Lincoln Center Jazz Orchestra ist er der Hüter, der Lordsiegelbewahrer des Jazz. Es gibt alte Damen, die die Hüte ihrer Jugend sammeln. Männer gibt es, die mit feuchten Augen ihre Briefmarkensammlung anschauen. Mister Marsalis sammelt Musik, hegt und pflegt sie. Eine Gärtner-Natur. Der Star-Trompeter, der auch Haydn souverän meistert, wacht über den Gral des Jazz. Seine Grals-Ritter sind Duke Ellington, Thelonious Monk, Charlie Parker, Billie Holiday. Die gesamte schwarze Elite, sofern sie sich auf konservativem Boden befindet. Eine Art CDU des Jazz. Dazu passt der quasiakademische Rahmen des Unternehmens. Die Aura einer Universität. Doch solche heroischen, aber auch ein wenig naiven Versuche, den Jazz in den USA aus dem Huren- und Heroin-Milieu ins Licht zu führen, haben ihre Tücken. Jazz stand trotz aller Highlights immer auf der schattigen Seite der Straße, war nie der blödsinnige Beach Boy. Er bezog oft seine Kraft, seinen Sog aus den nicht selten tragischen Verwicklungen seiner Musiker. Zwischen John Coltrane und Chris Barber klaffen Galaxien. Hier liegt die Grenze zwischen Tragik und Tamtam, zwischen Original und Kopie. In dieser Zone lauern rassistische Tendenzen und ein hypertrophes Selbstbewusstsein der Black Society. Dabei ist es seltsam zu erleben, wie Marsalis mit seinen Lincoln-Leuten aus dem borstigen und kubistischen Thelonious Monk ein sehr eindrucksvolles Stück europäischer Konzertmusik macht, parodistische Passagen inbegriffen. Wie er das schafft, Musik in philharmonische Gefilde zu transportieren, das ist bewundernswert. Ob dabei das Beste an Monk und Marsalis, diese Prise Götterscheiße an ihren Schuhen, verloren geht, das ist die Frage. Manchmal sind es die luxuriösen Arbeitsbedingungen des Marsalismus, die einen Jazzmusiker zum gepflegten Staatsbürger, aber auch zum künstlerischen Kastraten machen.

Albert Mangelsdorff

Pat Metheny

Miles Davis

Moscow Art Trio

Jan Garbarek

Carla Bley

Cecil Taylor

Peter Rühmkorf

Friedrich Gulda 4854 Weissenbach
Postf. 4/ Österr.
Tel.: 0043/664/3071708
Fax: 0043/7663/8167

1

Lieber Michael Naura,

Nach langer Zeit wiedereinmal was von Dir gehört und zwar etwas sehr Erfreuliches: Ein Hamburger Freund hat durch Zufall die Sendung die Du nach meinem „Ableben" gemacht hast – die mit den Aufnahmen bei Dir im Gr. Sendesaal des NDR im Jahr 1974 (Lang, lang ist's her...) – vom Radio mitgeschnitten und mir die Kassette überreicht. Ich habe sie mit großer Begeisterung gehört (ich hatte das längst nicht so gut in Erinnerung...) und danke Dir für die Ausstrahlung! Das neue ihr einen „Nachruf"!! (Nicht so wie hier zulande im Idiotenland...). Also nochmals vielen Dank!

Brief von Friedrich Gulda, S. 1

#2/ Hiermit den durch Zufall entsprungenen neuen Kontakt mit Dir benützend, übersende ich Dir einige meiner neuesten Produkte („Spätwerke") zur Kenntnisnahme u. evtl. Ausstrahlung (3 Einzel-; 1 Doppel(?)) - Infos beiliegend.

Besonders ans Herz legen möchte ich Dir die Videocassette „Midnite Party", welche ich für besonders wichtig halte (mein eigener „Nachruf") - ich könnte sie Dir zur TV-Ausstrahlung (75 min.) auf Beta-SP (also technisch einwandfreies Rundfunk-Exemplar) zur Verfügung stellen.

Ich habe Dir auf Deinem

Brief von Friedrich Gulda, S. 2

3

Anrufbeantworter eine Nachricht mit Bitte um Rückruf hinterlassen. Es wäre schön, wenn wir bezügl. alles dessen ein persönliches Gespräch führen könnten!

Mit freundlichen Grüßen wie immer Friedrich Gulda

P.S. Schade, daß Deine ansonsten hervorragende Ansage auf der Sendung bezüglich der gespielten Instrumente fehlerhaft war: F. Gulda tritt hier als "Pianist" überhaupt nicht in Erscheinung, sondern nur auf Hohner-E-Piano, Blockfl. u. Clavicord!

(Vielleicht kann' man das noch eintragen!!

Für Limpe Fuchs: Schlagzeug, Stimme
und
Paul Fuchs: Fuchsbaß, Fuchshorn, Schilfzinken, Krampblech, Fuchshorn
Landdampf....)

Brief von Friedrich Gulda, S. 3

Collage mit Pat Metheny

Dizzy Gillespie, handkoloriert

Der Phantom-Vater

Dave Brubeck, Idol des weißen Jazz, wird 80 Jahre alt

Nach 1945 hatten wir, die hohläugig Überlebenden des Zweiten Weltkriegs, leere Mägen und Flöhe im Ohr. Einer von diesen Flöhen war Dave Brubeck. Er trieb uns in den Wahnsinn mit seinen Block-Akkorden, mit seinem lieb säuselnden Alt-Saxophonisten Paul Desmond und seiner unbeirrbar nach vorn schreitenden Rhythmusgruppe aus Bass und Schlagzeug. Und wenn sie Ellingtons »Take The A-Train« in die Luft schleuderten, dessen Anfang ein fettes G war und wie ein Silvester-Böller wirkte, dann sprangen wir von den Stühlen auf und brüllten: »Jaaaaaaa, das ist es!«

Das war eine perfekte Initial-Zündung, die gleichzeitig eine wundervolle, unheilbare Infektion war. Und ich ging nach Hause und sagte zu meinen Freunden: »Wir werden wie Brubeck spielen!« Und siehe, bald spielten wir »A-Train« in dieser verfluchten Halle in Berlin, deren Wände die Frage des Herrn Goebbels »Wollt ihr den totalen Krieg?« und auch die Antwort der Massen, ein begeistertes »Jaaaaa!«, gespeichert hatten.

Im »Sportpalast« lieferten wir eine perfekte Brubeck-Kopie ab, und die amerikanischen Soldaten warfen ihre Käppis in die Luft, und die deutschen Frolleins strahlten. Noch heute frage ich mich, wie konnte ich derart hündisch Brubeck verfallen? Gab es irgendeinen heimlich homosexuell wirkenden Trieb? Die Antwort hat der Psychoanalytiker Horst-Eberhard Richter gegeben. Von ihm stammt der Begriff »Amerikanismus«.

Er schreibt: »Damit meine ich eine bis ins Unbewusste hinabreichende psychische Amerikanisierung, die weite Teile unserer Bevölkerung kennzeichnet. Für diese Kreise bedeuten die

USA weit mehr als eine äußere Führungs- und Schutzmacht. Nur absolute Übereinstimmung mit den Amerikanern schützt diese Deutschen vor einer panischen Trennungsangst, die wiederum Symptom einer großen Identitätsschwäche ist. Sie träumen und fantasieren nach den Mustern der amerikanischen Comics, Western, Krimis und Seifenopern. Aber der Konsum dieses importierten Geistes ist Folge eines primären Identitätsdefizits. Wenn man zweifelt, ob man, was man von den Vätern geerbt hat, erwerben darf, um es zu besitzen, dann sucht man Halt durch Identifizierung mit idealisierbaren Ersatzeltern.«

So ist es. Brubeck war mein Phantom-Vater. Mein eigener lag in jugoslawischer Erde. Warum beteten wir Brubeck an und nicht Charlie Parker oder Thelonious Monk? Weil uns die amerikanischen Soldaten-Sender indoktriniert hatten. Sie spielten alle naselang Brubeck und Konsorten. Die Rote Armee hatte keine Soldaten-Sender. Wenn ihre Soldatchen mit den verschwitzten Hemden »Schwarze Augen« sangen, dann dachten wir: »Ach nee, det wolln wa nich!«

Wir waren Brubeckisten. Fast eine Sekte, die wie unser Vorbild in einem Bebop-freien Biotop lebte. In unserer Brubeck-Begeisterung, die sehr deutsch, sehr bürgerlich war, scheuten wir den Jazz der schwarzen Amerikaner. Zu hektisch, zu wirr, zu aggressiv. So dachten wir, die deutschen Angsthasen. Wenn der Milhaud-Schüler Brubeck Melodieseligkeiten wie »La Paloma Azul« oder »Take Five« spielte, schlossen wir beglückt die Augen. Selbst als Brubeck komplexe Kompositionen spielte, auch als eine gewisse Gichtigkeit im Bereich der Rhythmik zu befremden begann, hielten wir ihm die Stange. Fast hätten wir gesungen: »Ein feste Burg ist unser Brubeck«.

Aber auch Burgen bröckeln. Der Tod seines Saxophonisten Desmond, dieses sanften Mondlicht-Musikers, hat Brubeck zu einem Witwer gemacht. Er musiziert mit seinen Söhnen, mit allen möglichen Leuten, sein Reisetrieb ist ungebrochen, doch der

Zauber der frühen Jahre, der uns manchmal weinerlich werden ließ, ist hin. Der Bassist Charles Mingus hat einmal geknurrt: »Na gut, die weiße Gesellschaft hat also ihre eigene Tradition. Dann soll sie uns aber auch die unsere überlassen. Ihr habt euren Shakespeare gehabt und euren Marx und Freud und Einstein und Jesus Christus und Guy Lombardo, aber wir haben mit dem Jazz angefangen.«

Das bestreitet ja keiner, mächtiger Mingus. Angefangen habt ihr. Aber beim Ausbau des Jazz-Hauses haben auch weiße Musiker kräftig angepackt. Solitäre wie Brubeck. Für ihn gilt ein Satz von Henry Miller: »They disappeared with the buffalo.« Heute wird er achtzig. Happy Birthday, Buffalo Brubeck!

Der Milde und das Wilde

Abgesang auf eine Ära: Der Posaunist Albert Mangelsdorff leitet zum letzten Mal das Berliner Jazzfest

Als der Schweizer George Gruntz 1994 die Festival-Gestaltungsgabel hingelegt hatte, suchten wir, das Berater-Gremium der ARD, dessen Leiter ich damals war, einen Nachfolger. Dieser Job war nicht einfach. Früher brauchte ein Festival-Macher nur den Jazz-Händler George Wein in New York anzurufen. Der hatte sie alle im Regal: Duke Ellington, Miles Davis, Count Basie, Thelonious Monk, Ella Fitzgerald. Das war die Todsicher-Nummer. Heute ist die Szene völlig verändert. Die Großwesire sind tot. Kein Mensch weiß inzwischen, was Jazz ist. Ein Restflackern aus dem Dunkel der Geschichte? Ein Mythos des 20. Jahrhunderts? Ein Hurenhaus, in dem jeder mit jedem kann? Jan Garbarek hat sich an den Busen der Folklore-Sängerin Marie Boine geschmiegt. Das Moscow Art Trio tauscht Sounds mit dem mongolischen Ensemble Huun Huur Tu aus. Die wiehern wie ihre Pferdchen. Allerliebst. Stilistischer Nebel wallt auf den Jazz-Bühnen der Welt. In dieser merkwürdigen Zeit entschied sich das ARD-Gremium für Albert Mangelsdorff, für die verkörperte Glaubwürdigkeit. Albert zögerte ein wenig. Dann sagte »Die Posaune an sich« zu. Das Gremium sang dankbar: »Vater unser, der Du spielst Posaune, führe uns in ein lichterfülltes Festival.«

Leichter gesungen als getan. Der Jazz war zu einem anthropologischen Monstrum mutiert. Fast zu einem Jekami-Laden. Die Grippe Crossover grassierte. Doch die Navigations-Fähigkeiten unseres neuen Kapitäns waren beachtlich. Und von ihm ging ein Aura-Cocktail aus. Er bestand aus der Milde seines Alters, seiner edlen Schlichtheit, seinem bedächtigen Wesen und seiner weltweit geachteten Kompetenz in Sachen Musik. Er hat mich immer an Sir Yehudi Menuhin erinnert. Aber ebenso wenig, wie man einer Mutter Teresa übers Maul fährt, fuhren wir unserem Künstlerischen Leiter in die Parade. Und im Hintergrund wirtschaftete Ihno von Hasselt, die stille Eminenz. Der Verwirklicher.

Alles war gut, vielleicht ein wenig zu sonnig. Eine Prise Krach ist immer kreativ. Man kann sich auch zu Tode mögen. Die Gefahren waren aber nicht hausgemacht. Sie kamen von außen. Die Bastardisierung des Jazz hatte schon mit J. E. Berendts »Jazz Meets The World« begonnen. Mangelsdorff selbst war mit seinen LPs »Now Jazz Ramwong« und »Folk Mond & Flower Dream« von 1968 ein erstes Wetterleuchten der Globalisierung. Aber jetzt ist ganz dicker Nebel aufgekommen. Jeder Jazzfestival-Macher ist von der Tragik jener Kapitäne umwittert, die einst die North West Passage suchten und noch jetzt im Eis stecken. Jaja, ich weiß, Jazz hatte schon immer etwas von einem Bastard. Aber noch nie war er wie Aldi, wie dieser Gemischtwarenwahnsinn, wo neben dem gewürfelten Schinken die Pantoffeln liegen. Sankt Albert ist mild, doch die Szene ist wild. Speziell in Berlin. Im Zeitalter der Love Parade wirkt Mangelsdorff in seiner Güte, Ruhe und Integrität fast schon wie eine Monstranz, die man auf Prozessionen vor sich herträgt.

Jetzt ist es aber höchste Zeit, dass Onkel Doktor Naura dem Patienten Jazz den Puls fühlt. Hier ist meine Diagnose: »Kein Apolloprogramm für Jazz, oder: Variation auf Rühmkorf. New Orleans, Dixieland, Swing, Bebop, Cool, Jazzrock, Free. Jazz ist, wie ich es nach jahrzehntelanger Praxis einschätze, eigentlich kein öffentliches Thema. Ein wirtschaftliches Interesse liegt nicht vor; bei Ausfall greift kein Mensch nach dem Telefon oder dem Beschwerdebuch; die Nachfrage ist geringer als bei Nadelkissen, Katzenfellen oder anderen Auslaufprodukten; Pflichtauflagen à la 2-Prozent-Kunst-am-Bau gibt es nicht, Betriebseröffnungen vollziehen sich so still wie Produktionseinstellungen; förderungsberechtigt oder abschreibungswürdig sind weder Blue Notes noch Schlagzeug-Breaks; die Frage, ob Jazz als Gattung überhaupt verschwindet oder sich in Einzelfällen noch einmal zur Hochform entwickelt, ist etwa so bedeutungsvoll wie die gesellschaftliche Relevanz von Flaschenschiffen und Zigarrenbinden. Totenscheine jedenfalls sind dem anhaltend scheintoten Jazz schon so zahlreich ausgestellt worden, dass wir ihm fast ein langes Leben prophezeien möchten.«

Bin ich schon hysterisch? Kann sein. Aber ich denke an den plötzlichen Tod des Total Music Meetings hier in Berlin. Wo bleiben die Aufschreie angesichts der gestrichenen Förderungsgelder? 1920 schreibt Brecht an Caspar Neher über Berlin: »Alles ist schrecklich überfüllt von Geschmacklosigkeiten, aber in was für einem Format, Kind!« Welch eine »Jazz-Vision«! Aber im Ernst. Wie soll heute der Kurs eines Jazzfestivals aussehen? Altenpflege und Aufpäppeln der Jungen? Klar, aber das gab's schon immer.

Die Zeiten rasen, sie rinnen. In einigen Jahrzehnten wird Duke Ellington auf die Menschheit so entfernt und metaphysisch wirken wie J. S. Bach auf uns Jetzige. Grüß Gott, Herr Barenboim! Alles vergreist im Galopp. Selig sind die, die jung abtreten müssen. Aber was ist mit denen, die jung antreten sollen? Durch Berlin schleicht das goldige Gerücht, Till Brönner solle das Jazzfest leiten. Warum nicht? Nur, irgendjemand muss ihm das begabte Pfötchen halten. Ich rufe in Richtung Spree: Holt mal eine Frau ans Steuer! Ein dreifaches Hurra für Carla Bley. Aber vor allem: Danke, Albert!

Das singende Bühnentier

Frank Sinatra wollte alles – und bekam es.
Er war ein Nonkonformist auf Biegen und Brechen

Eine Gesellschaft, in der Revolver wie Apfelsinen zum Verkauf ausliegen, bringt Sinatras hervor. Aggressive, parvenuhafte Gestalten, die alle Register ziehen, um an den Erfolg zu kommen. Allerdings, Frank Francis Sinatra war der »Sinatra to end all Sinatras«. Er war, zynisch gesagt, sinister-astral-sinatral. Dieser terrierhafte Mann war als Musiker von den Sternen begünstigt, als menschliches Wesen tappte er oft im Dunkeln auf seiner Suche nach *class*. Er war ein Präventiv-Krieger. Eine ehemalige Freundin erinnert sich: »In ihm ist ein Monster, das die Welt fertigmachen will, bevor sie ihn fertigmacht.« Fast vom ersten Atemzug an wäre es um ein Haar schief gegangen. Sinatras Geburt war eine Bruchlandung. Der Arzt hatte Schwierigkeiten, den 6,1 Kilo schweren Säugling aus der zierlichen Mutter zu zerren. Er benutzte die Zangen, zog aus Leibeskräften, verletzte das Baby am Ohr, an der Wange und am Nacken. Er durchlöcherte sogar das Trommelfell. Schlimmer noch: Der Kleine atmete nicht mehr. Da ergriff die Großmutter das Kind und hielt es unter kaltes Wasser. Und jetzt tat es seinen ersten Schrei. Das war am 12. Dezember 1915. Francis Albert Sinatra war geboren.

Im Anfang war Mami. Mutter Dolly, ursprünglich mit Abtreibungen befasst, sah in ihrem mageren, bläulich angelaufenen Baby ihre Lebensaufgabe: Aus dem mach ich was. Rühmkorf schreibt: »In mir arbeitet es.« Für Sinatra galt: »In mir wütet es.« Und zwar immer dann, wenn Frankiebubi nicht das bekommen hat, was er wollte. Und er wollte viel. Er war unersättlich. Und er wusste genau, welche Hebel man bedienen muss, um ganz nach vorn zu kommen. Sie waren im Dunstkreis von Politik, Mafia, Sex und Gewalt zu finden. Mutter Sinatra puschte ihren Liebling, dass es nur so krachte. Sinatras Vater? Ein erfolgloser asthmatischer Boxer aus Sizilien. Eine Null. Dolly wollte dem Filius eine akademische Karriere angedeihen lassen. Nach kurzer Zeit feuert ihn die High-School wegen »allgemeinen Rowdytums«. Jetzt blieben nur noch die Karrieren der Underdogs. Musik, Sport, Kriminalität. Dolly und Frank strampelten, bis der Amateursänger im Licht steht. An der Seite von Tommy Dorsey kann er sich von allen Makeln frei waschen. Der Wurm von der hässlichen Herkunft ist resistent. Er wird sein Werk verrichten. Es ist erschreckend, wie gut bereits der junge Sinatra singt. Er, kaum notenmächtig, dominiert die Bühne, und die Frauen kugeln sich nach ihm die Augen aus. Er ist der Typ, der die Weiber in Fahrt bringt. So ein schnuckeliger Bursche! Nur die Ohren ein bisschen sehr abstehend. Die Sängerin Jo Stafford berichtet: »Nach acht Takten dachte ich, das ist der tollste Sound, den ich je gehört habe.« Der Sound Sinatras war von Anfang an der eines singenden Bühnentiers par excellence, das erkannt hatte, dass seine Aura ihn nach oben tragen würde. Der Wille zum Gesang. John Scofield, einer der großen Jazzgitarristen unserer Zeit: »Sinatra swingt sich den Arsch ab. Seine Phrasierung ist sehr musikalisch. Er ist ein unglaublich natürlicher Musiker, der den Tages-Songs eine völlig neue künstlerische Ebene hinzufügte.« Duke Ellington schwärmt: »Ich glaube, Frank Sinatra, diese einzigartige Persönlichkeit, ein Nonkonformist auf Biegen und Brechen, hat nie jemanden kopiert. Jedes Stück, das er singt, ist verständlich und, was noch mehr ist, glaubhaft.« Schließlich Miles Davis: »Ich hab damals viel über Phrasierung gelernt, indem ich mir Frank genau anhörte.« Frank Sinatra ist also auch der Musiker der Musiker. Ein glitzerndes Idol unter Kollegen. Aber er erreichte vor allem die Massen.

Wenn er das langsame »Autumn in New York« sang, glaubte man, sich in einer Lesung von Truman Capote zu befinden: »Draußen fiel die Dämmerung wie in blauen Flocken herab ...« Sinatra, dieser große amerikanische Klangmaler von Stimmungen und Störungen der Seele, hat der Nachwelt Schallplatten hinterlassen, die wie Medizin wirken können. Ein Allround-Präparat à la Aspirin. Sinatra: *the healer.* Die Lässigkeit des Swing seiner Orchester, die raffinierten Partituren seiner Arrangeure und, vor allem, die Kompositionen der first-class Showbiz-Schreiber, etwa Cole Porters, das war der Humus, auf dem Sinatra sich zu einem weltumspannenden Phänomen entwickeln konnte. Er ist bis in die Regenwälder vorgedrungen. »Only The Lonely« auflegen, wenn du *down and out* bist, und du sparst den Psychiater. »Sinatra plus Basie at the Sands«, und du tanzt wie ein Kreisel.

Ach ja, Las Vegas, hier hat er's wild getrieben. Mit seinem Freund Sammy Davis Jr. etc. und den Miezen. Die eine hatte er im cholerischen Suff durch eine Fensterscheibe geprügelt, die andere hat er dem zukünftigen Präsidenten zugeführt. Auf dass eine Hand die andere wasche. Er war den Kennedys zu Diensten. Sie sollten ihn zum Ritter schlagen. Aber dann kamen die Mafia-Gerüchte. Aus der Traum. Immerhin hat aber Sinatra, inzwischen Filmstar (sechzig Streifen einschließlich Oscar), Spuren im Weißen Haus hinterlassen. Er tanzte mit Frau Reagan, finstere Mächte behaupten, er hätte sie »entpräsidentialisiert«, und Mister President überreichte ihm die Freiheitsmedaille. Sinatras Witterung für den Gestank der Macht hatte sich ausgezahlt. Auf den »mageren kleinen Bastard mit seinen auseinander klappernden Knochen«, so hat ihn Humphrey Bogart liebevoll portraitiert, passte ein Aphorismus von Woody Allen: »Es ist unmöglich, unvoreingenommen seinen eigenen Tod zu erleben und ruhig weiterzusingen.« Doch, der Gesangsriese aus Hoboken, New Jersey, hat es vorgemacht. Frank Sinatra, der Zarte und Harte, starb in der Nacht vom 14. auf den 15. Mai im Alter von 82 Jahren.

Muttis Bester

Der amerikanische Gitarrist Pat Metheny
sucht den absoluten Klang

Gitarren sind Holzkästen mit Schallloch. Darüber Saiten. Die werden gezupft, gerissen, gequält. Jimi Hendrix hat sie geleckt. Das Griffbrett der Rockgitarristen wirkt wie eine Verlängerung ihres Glieds. Der Elektrorock hat etwas mit Ejakulation zu tun. Die Entfesselten des Rock, die manchmal am Türgriff verenden, die Intro-Vertierten des Jazz, die sich zur geistigen Elite zählen – damit hat Pat Metheny nichts zu schaffen. Er ist der amerikanische gute Junge aus Lees Summit, Missouri. Muttis Bester. Sauber, freundlich, aufstrebend, hoch begabt. *No purple haze,* keinen Drogendunst im Kopf. Auch heute noch, grauhaarig.

Der Bursche war frühreif. Noch rotznasig, taucht er in Kansas City mit seiner Klampfe überall da auf, wo man den Kleinen auf die Bühne lässt. In dieser legendären Jazzstadt lernt er das Abc der Improvisation. Mit 20 lehrt er Gitarre an Colleges und ist ein Jahr lang in der Band des Hyper-Vibraphonisten Gary Burton. Er schreibt sich an der Universität von Miami ein. Ein Jahr paukt er. Dann wird er als Dozent angeheuert. In diesem Tempo geht es weiter. Heute ist sein Rang als einer der besten Gitarristen des 20. Jahrhunderts unangefochten. Er wird weltweit geachtet. In Europa allein sind laut Bielefelder Katalog vierzig Metheny-Produktionen auf dem Markt. Kritiker wie John Litweiler, Direktor des Jazz Institute of Chicago, pinkeln in den Wind: »Der wehmütige Schmerz seufzender Kadenzen ist das bestimmende Element dieses zeitgenössischen Pop-Jazz; die Dynamik ist reduziert, die Farben sind gedämpft, pastellig abgetönt, werden nicht durch

Kontrast, sondern durch Schattierung variiert; trotz gelegentlich perkussiver Backgrounds ist die rhythmische Aktivität im Großen und Ganzen auf ein Minimum reduziert. Schwerlich lässt sich eine beruhigendere Musik denken als die auf Methenys ›Offramp‹-LP: In diesen besänftigenden Klängen gibt es nichts mehr von Emotionalität, von Spannungen, von lebendiger Kommunikation. Hier wird Fusion Music zum Medium eines reinen Eskapismus.«

Pat Metheny ist in seinem tiefsten Innern ein Spürhund, ein Trüffelköter. Er scharrt unaufhörlich nach Klängen. Nicht nach dem Rauschen im Walde, sondern nach dem, wie große Musiker »rauschen«. Sonny Rollins, Miles Davis, Gary Burton, Thelonious Monk, Wes Montgomery, Bill Evans, Ornette Coleman, Charlie Parker, diese jazzige Götterrunde war seine Schule. »Manchmal kommt es mir vor«, schreibt Pat Metheny in seinem Aufsatz »Auf der Suche nach Klang«, »als gäbe es ein magisches und unauslöschliches Wasserzeichen, das unsere Musik prägt und das künftigen Generationen die Botschaft überbringen wird, wer wir als Menschen waren.« Aber wenn wir uns bereits jetzt fragen, wer wir sind, und auf eine Antwort von Pat Metheny warten, dann könnte sie lauten: »Wir sind eine Generation, in der die Hitler andere Uniformen tragen, in der man versucht, mit dem Begriff Globalisierung die Massen noch dümmer und ausgebeuteter zu machen, als sie schon sind, und in der musikalische Identitäten in der Lüge ›Wir sind alle Brüder‹, also in der bisher ungebremsten Schreddermaschine des Kapitalismus, untergehen.«

Das alles führt uns Pat Metheny hier vor. Unter seinem Zuckerguss. Als er zuletzt im Mai 1995 im Hamburger Stadtpark spielte, die Vöglein sangen und der Mond durch die Äste blinzelte, da sah ich viele Paare im süßen Clinch. Und mir erging es wie Harold Cohen in einer Story von Woody Allen: »Ich tat ganz gleichgültig, während das Blut durch meine Arterien auf voraussagbare Bestimmungsorte zurollte. Ich wurde rot, eine alte Gewohnheit.« Immerhin, Metheny hatte mich nicht umsonst an eine Frage aus dem Gedicht »Rückbe-Glitscherungen eines alten Idioten« von Rimbaud erinnert: »WARUM diese verschleppte Pubertät und die Bescherung um glibbrig überstrapazierte Eichel?« Doch plötzlich tat mir der sympathische Amerikaner ein wenig Leid. Dieser Mann, der an die fünfzig Gitarren zu Hause hat und Freundinnen, die greinen, weil sie nicht begreifen, dass bei den ganz Großen die Libido in der Kunst stattfindet. Dann schlief ich ein, und ich träumte von dem Megamusiker da vorn, der alles kann. Pop, Folk, Rock, Jazz. Einfach alles. Aber gebietet derjenige, der über alles gebietet, womöglich über gar nichts?

Gute-Laune-Combo-Chef Metheny sollte Seneca bedenken: »Der Irrtum schwebt im Grenzenlosen.« Nachricht des Meisters an die Gitarreros unter den ZEIT-Lesern: »When I'm playing electric guitar, I use an Ibanez PM-100, a Roland VG-8 guitar system, an Axon MIDI controller, Roland GR-300 guitar synthesizer and a Gibson Les Paul fitted with a Transperformance automatic tuning system. For acoustic guitars, I use instruments made by Canadian luthier Linda Manzer, including the 42-string pikasso guitar, a fretless classical guitar, a sitar guitar and a 12-string. For amplification, I use a DigiTech GSP 2101 preamp/processor, two Lexicon 95 digital delays through Crest 6001 and Ashly MOSFET 200 power amps into two Tiel cabinets, an Oakes 2x10 cabinet and an Acoustic 134 4x10 cabinet. I use D'Addario strings (011-gauge flatwounds).« Yours, Pat.

Singender Kummerkasten

Wem das Schicksal bellt: Die Heilgewalt der Hildegard Knef,
jetzt auf CD

Wenn Showbiz und Jazz sich begatten, dann wartet jedermann gespannt auf den Bastard. Bei Eartha Kitt und Joachim Kühn, bei Frank Sinatra und Count Basie jauchzten alle: Oh, what a wonderful baby! Allerliebst! Und jetzt Hildegard Knef und Till Brönner. Die alte Dame und der Frischling. Brönner wird hierzulande wie ein Christus der Trompete gefeiert. So, als hätte man in Deutschland bisher nur auf Grashalmen geblasen. Nie gehört von Herbert Joos, von Ack van Rooyen? Aber es stimmt, Brönner, Vertreter der Gel-Generation, Mischung aus Joop und Cary Grant, hat es drauf. Er spielt wunderleicht. Seine Improvisationen fliegen dahin wie Nachtigallenfürze. Und er weiß, wie man orchestriert.

In seinen Partituren winken Don Sebesky und Claus Ogerman. Schön zu hören. Vielleicht ein bisschen altmodisch. Aber Brönner lässt auch scratchen. Alles sehr hauptstadtmäßig, urbanesk. Der Schlagzeuger Wolfgang Haffner – sonst heizt er Albert Mangelsdorff ein – swingt lässig. Die Pianisten Chastenier und Rautenberg perlen und grooven. Das Blech fetzt, und die Streicher sind wohl gesetzt von Helmut Brandt, einst ein bedeutender Saxophonist des deutschen Nachkriegs-Jazz, der unter den Regenschirm des Rias-Tanzorchesters flüchtete.

Aber es geht um die Knef. Sie steht und fällt mit ihren Texten. Und die sind sehr gut, weil sie auch Lebensberatung sind. Von ihnen geht eine healing power aus. »Du hast gebetet, doch im falschen Dom.« Aber so sind wir alle, die Erdentölpel. Und

Hildegard Knef ist eine große Malerin dieses Desasters. Dabei diese herbe Güte! Das ist knefisch – und einmalig. Davor sind sämtliche Hüte zu ziehen.

Der Gesang der heiligen Hildegard von Berlin ist eher ein Schicksalsbellen. Intonationswackeln inbegriffen. Der singende Kummerkasten. Sie wirkt wie eine Frau, die man in der Not mitten in der Nacht anrufen kann und die sagt: »Komm her, Kleena, ick setz schon ma Kaffe uff.«

Diese CD bietet auch einen unglaublich komischen Moment. Inmitten der deutschen Komponisten Brönner, Niessen und Hammerschmid taucht plötzlich der Name Gershwin auf. Das ist, als würde beim Paddeln auf der Spree auf einmal der Panzerkreuzer Potemkin um die Ecke kommen. »Der Mann für Dich« ist ein tückisches Noten-Quiz. Erschöpft stelle ich nach qualvollem Raten fest: »The Man I Love«. Noch nie so eine verfremdete Version gehört. Frank Zappas Gedicht »Fifty-Fifty« beginnt wie eine Knef-Hommage: »Also habe ich Schuppen / Und hab auch Mundgeruch / Ich weiß, ich bin kein süßer Fratz / Und meine Stimme klingt kaputt / Aber das macht nichts, Leute / Ich bin crazy genug, euch was vorzusingen / Wie's grad kommt.«

Medizinmann des Jazz

Die »klassischen« Aufnahmen von Miles Davis

Der Kummer in diesen Tagen ist, dass jede Gurke, die ein Saxophon halten, jeder Party-Pavian, jeder Untote, der eine CD auflegen kann, sich für einen Musiker hält. HERR, Deine Gnade ist groß, aber manchmal trifft sie die Falschen. »Es gibt so wahnsinnig viel blödes Gelalle, vor allem auch im Nachtleben«, schreibt Rainald Goetz. Du sagst es, vom Rave Vergifteter. Doch auch auf anderen Podien der Musik stinkt es faulig. Einziger Trost: Auch Elvis pestete gelegentlich zum Himmel. Doch siehe, dagegen ist ein Kraut gewachsen. Sein Name: Miles Davis (1926 bis 1991). Reibt euch mit Miles ein, Leute!

Nun ja, nicht jeder Ton dieses Trompeters ist anbetungswürdig. Aber viele Töne der sechs CDs »Miles Davis Quintet – The Complete Columbia Studio Recordings« (Sony Music C6 K 67398). Dieses staunenswerte Paket umfasst Aufnahmen, die zwischen Januar 1965 und Juni 1968 entstanden sind. Dabei geht es um die Original-LPs »E.S.P.«, »Sorcerer«, »Filles De Kilimanjaro«, »Nefertiti«, »Miles Smiles« und »Miles In The Sky«. Außerdem hören wir gierig vierzehn bisher unveröffentlichte Stücke. Alles wurde im 20-Bit-SBM-Verfahren digital remixt und remastert.

Wir bleiben ruhig. Die Musik des Miles Davis war noch nie von der Art, dass man sie dem Verfahren »Aus Kot machen wir Bonbons« hätte unterwerfen müssen. Hingegen war und ist sie von dieser Art: Sie entspricht dem Credo des amerikanischen Musikers. Es lautet: »Ich liebe die Weite.« Damit hatte er wohl kaum das eklige Schmarotzer-Schmatzen an den Musiktöpfen der Weltfolklore gemeint. Eher schwebte ihm vor, dass sein

Ensemble keinen geschlossenen Raum abgeben dürfe, der Klaustrophobien erzeugt. Und dafür war die Besetzung mit Trompete, Saxophon, Klavier, Bass und Schlagzeug ideal.

In den sechziger Jahren war die Musik des Davis auf eine wunderbare Weise schlank. Erst später, als er sich den Rock einverleibte, begann sie dick zu wirken, wie eine sämige Graupensuppe. Das Musizierideal von Miles Davis ist von seiner ungnädigen Haltung geprägt, die er gegenüber den Kollegen der Sinfonik einnimmt: »... sie haben keine musikalische Phantasie. Sie spielen nur, was man ihnen vor die Nase setzt – wie die meisten klassischen Musiker. Und die spielen nur, was da steht, sonst nichts. Das ist klassische Musik. Sie können sich alles merken und haben die Fähigkeiten von Robotern. Wenn im klassischen Musikleben nicht ein Musiker wie der andere ist, wenn er nicht durch und durch Roboter ist, dann fallen die anderen Roboter über ihn her, vor allem, wenn er schwarz ist. Damit hat sich's, das verstehen klassische Musiker unter klassischer Musik – Robotermusik ...«

Alles, was Davis mit seinen Antirobotern Wayne Shorter, Herbie Hancock, Ron Carter und Tony Williams anpackt, spiegelt jene Freiheit, die nicht blöde ist und in der jeder einzelne Spieler gestalten kann und vor allem soll. Dafür sind die immensen Spielräume da, die der Meister seinen Leuten einräumt. Dabei geht es Davis nicht darum, dass die Zeit mit Klang »zugeschmiert« wird, sondern dass unter Gleichgesinnten Musik entsteht, die einerseits ein Hohelied auf die unantastbare Persönlichkeit der Solisten ist, andererseits immer den Gruppenprozess im Auge behält. Das alles ist nicht schriftlich notiert wie bei den Kollegen im Pinguindress, sondern ein seelisches *let them be*. Da fuchtelt und schwitzt keiner vorn, da beugt sich keiner unter der Knute hinten.

So entsteht diese vogelhafte Leichtigkeit, diese tiefe Übereinkunft. Und das auf der Grundlage von kompositorischen Skizzen. Nichts gegen brausende Orgeln und dampfende Orchester, aber wer nach einer riesigen Dalí-Öl-Orgie Sehnsucht nach Klee hat, der wird sich beim Quintett des magischen Miles Davis wohl fühlen.

Vielleicht auch deshalb, weil der Zuhörer nicht völlig entmündigt, jeglicher Gestaltungskraft beraubt wird, weil Pausen ihm einen Rest von Würde lassen. Und sei es auch nur, dass er den Takt tritt. Aber möglichst im richtigen Tempo! Er wird dann verstehen, dass Miles Davis mit seinem klassenlosen Quintett einer der letzten Medizinmänner gegen das Untote war. Und er war einer, der dafür gesorgt hat, dass der fiese Ladenbesitzer Lyle Britten aus dem Schauspiel »Blues für Mr. Charlie« von James Baldwin nicht Recht bekam: »Auf dass alle Nigger verrecken wie dieser Nigger – das Gesicht im Staube.«

Ohne Anfang, ohne Ende

Der Saxophonist Jan Garbarek gibt
den Mythen der Welt einen Klang

Immer wieder! Wenn ich das im Hall segelnde Saxophon von Jan Garbarek höre, dann fällt mir Alfred Andersch ein: »Während das Feuer prasselt, steht man am Fenster und schaut dem Regen zu, der in die Wälder fällt.« Der Regen, der auch in die Seele fällt. Garbarek ist nichts Heiteres. Und merkwürdig und unheimlich: Die Musik des Norwegers wirkt uralt und neu zugleich.

Der Mythos Garbarek ist in den Mythen der Welt verankert. Der Saxophonist spielt, wie er aussieht. Er schaut sehr ernst drein. Er ist bleich. Sein dunkles Haar fällt ihm auf die Schultern. Es ist gut, dass es ihn gibt in diesen US-lastigen und -lästigen Zeiten. Wenn er lächelt, dann wirkt er wie ein trauriges Kind, dem irgend etwas fehlt. Geld kann's nicht sein und Ruhm auch nicht. Seine riesige Gemeinde leckt ihm die Fußsohlen, mindestens aber seine Saxophonklappen. Eines steht fest: Wo so viel Erfolg ist, da ist auch Missgunst.

Seine Widersacher, die Verfechter des Hackepeter-Sounds, die Trümmerklang-Fetischisten, verhöhnen den Meister aus dem kalten Norden: »Dieses ewige Jammern, dieses Dauer-Legato.« Doch der Dirigent dieses Chores heißt Neid. Und der sieht hässlich aus. Verständlich, wenn man sich den Bielefelder Jazz-Katalog 1998 anschaut. Unter Garbarek findet man dort 60 CDs in den farbigsten Besetzungen. Von Sessions mit Ustad Fateh Ali Khan und seinen Musikern aus Pakistan bis hin zu den wunderbaren Begegnungen mit Keith Jarrett. Garbarek, der Fleißige, von seinem Produzenten Manfred Eicher in einer Art von musikalischer Religiosität zu einer Ikone aufgebaut.

Beide wissen, dass es sinnlos ist, die amerikanischen Granden nachzuäffen. Und so hat Garbarek seine »europäische Klaue« entwickelt, eingedenk des selbstbewussten Statements von Michel Portal, dem französischen Saxophon-Kollegen: »Ich will keine Karikatur von Charlie Parker sein.« Und, bei allen Trollen Norwegens, das ist ihm gelungen. Garbareks neueste Veröffentlichung ist *Rites,* eine Doppel-CD (ECM 1685/86). An seiner Seite: Bugge Wesseltoft (Synthesizer), Rainer Brüninghaus (Keyboard), Eberhard Weber (Bass), Marilyn Mazur (Drums) und andere. Die 16 Stücke, bis auf zwei alle von Garbarek, sind reines Manna für seine verzückte Gemeinde.

Klar, das ist kein Jazz im Sinne Ellingtons und Monks. Ja und? Auch wenn der Dichter Rühmkorf, ein ergebener Freund des Jazz, manchmal ächzt: »Is' das nu' Kitsch auf höchstem Niveau, oder was?« Und während wir bei »leichteren Schnäpsen, mittleren, schließlich riesigen, einer flammenden Sonnenterrine« sitzen, entgegne ich: »Meister, vielleicht kein Jazz, aber ganz schöne Musik.« Und ich weiß, dass ich in diesem Augenblick mit Keith Jarrett übereinstimme. Der hat gesagt: »Die westliche Gesellschaft ist so sehr auf den großen Gott ›Meinung‹ fixiert, dass sie zu vergessen beginnt: Es gibt auch so etwas wie Wahrheit. Eine direkte Parallele dazu ist, dass sie ebenso auf ›Stil‹ fixiert ist und darüber vergisst: Es gibt so etwas wie Musik. Und wie etwas entweder wahr ist oder nicht, so ist etwas entweder Musik – oder eben nicht.«

Ach ja, gebildete Leser, dies noch: Garbarek erinnert an indische Ragas. Irgendwie ohne Anfang, ohne Ende, kosmisch. Schließlich denkst du nur noch: »Wo ist der Unterschied zwischen einer Kokospalme und mir oder zwischen einer Schneewehe und Garbarek?« Schöner Zustand, wenn man so garbarekisiert ist. In Norwegen heißt ein Märchen »Die Prinzessin, die keiner zum Schweigen bringen konnte«: »Es war einmal ein König, der hatte eine Tochter, die war so schlau und spitzfindig, dass niemand sie zum Schweigen bringen konnte. Da setzte der König einen Preis aus und ließ bekannt machen: Der, welcher es könnte, bekäme die Prinzessin und das halbe Königreich.« Jan Garbarek stoppt das Geschwätz und richtet eine Art Stille der Seele aus.

Ein moderner Odysseus

Die Jazz-Video-Collage »Capetown Traveller« über und
mit Abdullah Ibrahim in der Leipziger Oper

Wie porträtiert man Jazzmusiker? Am besten mit der Klaue eines Tomi Ungerer oder eines Francis Bacon. Man kann sie aber auch in eine Oper schleppen. Dort steht der ganze Illusionshokuspokus zur Verfügung mit Licht, Regie, Elektronik und Inspizienten. Der Staat leckt die Opern-Finanzwunden. Auch in Leipzig, dieser Musik-Traditionsmetropole mit Bach, Mendelssohn, Schumann, Gewandhaus, Thomaschor und – seit 23 Jahren – dem Jazzfestival.

Der Leipziger Opernintendant Udo Zimmermann preist in diesem Jahr »eine neue Facette innerhalb der vielfältigen Möglichkeiten des musizierenden Theaters«. Was das sein soll? Vielleicht Capetown Traveller! Eine mehrschichtig collagierte Revue, gebacken aus dem Wohl und Wehe des südafrikanischen Pianisten und Komponisten Abdullah Ibrahim, vormals Dollar Brand.

Konzept und Regie stammen von dem Dokumentardruiden und exzellenten Jazzpublizisten Bert Noglik. Schon mit den Projekten Survival Songs und Jazz Japan hatte der vibrierende Sachse bewiesen, dass Jazz kein einsamer Totentanz ist, sondern an die Seite moderner Künste gehört. Dafür stand dem kleingewachsenen, aber groß denkenden Noglik das Duo Frank Schulte und Alexander Stempell zur Verfügung. Beide sind spezialisiert auf das Herstellen von Klang- und Videoereignissen. Nichts ist ihnen heilig. Sie sampeln und fummeln in der Elektronik, dass es nur noch kracht und winselt. Aufregende Bilder und Klänge entstehen in diesen haarsträubenden Versuchen. Und darauf ist Noglik scharf.

Doch alles bliebe kalt wie eine Hundeschnauze, wären da nicht die Musiker. Sie bilden den heißen Kern des Unternehmens. Da ist die Gruppe Ekaya (drei Saxophone, eine Posaune, Bass und Schlagzeug) und das Vokal-Quartett Timbre, aus dem Lauren Newton wie ein Abendstern strahlt mit ihrer Mischung aus Cathy Berberian und Virginia Woolf. Vor allem ist da aber höchstpersönlich Abdullah Ibrahim mit seinen Lebensirrfahrten. Er ist der moderne Odysseus.

Bert Noglik will in der Leipziger Oper weder seine Vita nacherzählen noch ein Lehrstück abhandeln. Es geht ihm um ein »Assoziationsgeflecht, das unterschiedliche Aspekte des Lebens von Ibrahim, vor allem aber die Kraft und die Poesie seiner Musik aufleuchten lässt«. Einst schrieb der schwarze US-Poet LeRoi Jones: »Zu den ausgeprägtesten Zügen des westlichen Weißen gehört von jeher seine fanatische, sozusagen von Instinkten bestimmte Überzeugung, dass sein Weltbild unendlich begehrenswert ist, und mehr noch, dass die, die von ihm nicht gerade angetan sind oder es nicht gleich so bewunderungswürdig finden, entweder Wilde sind oder aber Feinde.« Die schwarzen Jazzmusiker, die mit der Schmähung »Wilde« zu leben gelernt haben, beschworen Mutter Afrika in ihrer Arbeit herauf. Auf die Anrufungen seiner verlorenen Söhne und Töchter hat Afrika eher zurückhaltend reagiert.

Zwar ließ sich Liberia von Duke Ellington die Nationalhymne komponieren, und Mali, Niger, Obervolta, Kongo, Senegal und Tschad haben amerikanische Musiker mit Briefmarkenserien gefeiert, sonst aber ist der Jazz den afrikanischen Massen mehr oder weniger gleichgültig geblieben wie den nordfriesischen Landwirten.

Mit Abdullah Ibrahim kam die Wende. Seine Musik, in der sich auf eigentümliche Weise Thelonious Monk, der Kirchenchoral und die afrikanische Folklore mischen, ist für die Schwarzen von Südafrika Symbol ihres Widerstands gegen die Weißen. Eine seiner ersten Schallplatten heißt Mannenberg, genannt nach den Slums von Capetown, in denen lange vor Soweto Aufruhr herrschte, der dann in Blut erstickt wurde. Und was geschah mit dieser Story auf der Bühne der Oper von Leipzig vor voll besetztem Haus? Das Große scheitert oft am Geringen. Nogliks famose Idee nahm Schaden am »Zu wenig Proben«-Syndrom.

Es ist die alte Leier: Sage mir, welche Produktionsbedingungen du mir zugestehst, und ich sage dir, was du von mir hältst. Der Jazzbilderbogen hatte zwei Probentage zur Verfügung. Ein bizarrer Scherz. Klassik-Kollegen wären tobend abgereist. Und so scheiterte das Projekt nicht, aber es nahm Schaden, blieb streckenweise embryonal. Abgesehen davon, dass einige Videoprojektionen unbefriedigend waren (mal sah man ein erloschenes Polarlicht, mal Farben eines Verblichenen aus dem Permafrost), es gab ergreifende Passagen. Die langsamen Klaviersoli des Gefeierten waren überirdisch. Nogliks Werk wirkte manchmal wie ein zu milder Pudding. »Iss deinen Pudding«, heißt es in einer afrikanischen Erzählung von Doris Lessing. Gern, aber es muss nachgewürzt werden.

Stenograf der Gefühle

Rede für den enigmatischen Saxophonisten Stan Getz

Über allem liegt der Coltrane-Mythos. Wie eine schwarze Schneedecke. Spötter sagen, wie ein Leichentuch, unter dem die weißen Saxophonisten frösteln. Denn John Coltrane war weit mehr als ein sagenhafter Saxophonist. Er war einer der Helden der amerikanischen Black Community. In einer Reihe mit Martin Luther King, Cassius Clay, Stokely Carmichael. Coltrane war mit seinem ekstatischen Saxophon-Predigten auch Black Power. Als 1966 sich die Schwarzen erhoben und Cleveland, Los Angeles, Jersey City, Atlanta und Chicago brannten, da antwortete das Coltrane-Quintett mit Konzerten, die wie erschütternde Schreie wirkten. Wie Protuberanzen der Wut. Auf seiner Suche nach dem Klang des Universums provozierte Coltrane die Weißen. Einer von vielen, so berichtet sein Biograf C. O. Simpkins, höhnte: »Sieh dir diesen Nigger an. Wer so spielt, ist randvoll mit Drogen.«

Vor diesem Hintergrund muss man die Geschichte des Saxophonisten Stan Getz erzählen. Er war der musikalische Antipode par excellence. Dem extremen Expressionismus von Coltrane, den Rassisten einst mit »Anrufung des Vollmonds durch einen hungrigen Wolf« verspottet haben, stellte er das Pastellartige seines Tons, den eleganten Flug seiner Improvisation, den schwerelosen Swing seines Spiels entgegen. Und schon waren ihm Gegner auf den Fersen. Einer von ihnen war Miles Davis. In dessen Autobiographie lesen wir: »Viele weiße Kritiker redeten weiterhin über diese weißen Jazzmusiker, die uns nachahmten, als ob sie die Größten oder sonst was wären. Schreiben über Stan Getz, Dave Brubeck, Kai Winding, Lee Konitz, Lennie Tristano und

Gerry Mulligan, als ob sie Götter wären. Einige dieser weißen Typen waren Junkies wie wir, aber darüber verlor keiner ein Wort. Dass weiße Musiker auch Junkies waren, wurde zum ersten Mal bekannt, als Stan Getz verhaftet wurde, weil er in eine Apotheke einbrechen wollte, um sich Drogen zu besorgen ... Ich will damit nicht sagen, dass diese Typen keine guten Musiker waren, das waren sie sicher. Aber es kam nichts Neues von ihnen ...«

Ziemlich barsch, unser Trompeten-Fürst, aber in einem hat er sich geirrt: Stan Getz war unerreicht, wenn es um die improvisatorische Auslegung von konservativem Material ging. Gemeint ist das Familiensilber der Nation. Die biblischen Lieder. Cole Porter, Jimmy Van Heusen, George Gershwin und die anderen Notenschrift-Gelehrten Amerikas. Getz interpretierte sie so genial, dass diese Arbeiten eigentlich in die Lehrpläne von aufgeklärten Musikakademien gehören. Zugegeben, Ben Webster, Lester Young und Charlie Parker waren wunderbar, aber sie hatten nicht das Enigmatische von Stan Getz, diese verstörende Rätselhaftigkeit.

Es ist irritierend, dass es gerade diese fantastischen Deutungsgaben waren, die Stan Getz den Eintritt in die höchsten Kreise des Olymps erschwerten, wohl weil sie sich fast ausschließlich auf das Notenmaterial des US-Showbusiness bezogen. Also letztlich auf den Süßstoff der Unterhaltung! Irgendwie Ersatz, irgendwie musique fou. Las Vegas was here. Während der Pianist Cecil Taylor seinen Kollegen Coltrane adelte, indem er sagte: »Coltrane hatte ein Gespür für die Hysterie seiner Zeit«, verstärkte Getz sein ambivalentes Image. Er begann, sich mit der Popularmusik Brasiliens zu beschäftigen. Seine Gegner sagten: »Oh, der Mann hat ein ausgeprägtes Gespür für sein Bankkonto.« Dabei hatte Stan Getz Anschluss an eine Samba-Bewegung gefunden, die sich Bossa Nova nannte und auf hohem Niveau arbeitete.

Die Tragik von Stan Getz stieg mir siedend heiß ins Gemüt, als ich in den sechziger Jahren zum ersten Mal vor ihm saß. In einem Nachtclub in Chicago nahm ich ein Dinner zu mir. The dirty American dream. Der Pöbel frisst. Die Götter spielen auf. Ich sah Getz ins Gesicht und erschrak. Ich erblickte einen ernsten Mann, der mit Mühe seine Verzweiflung bändigte. Der keine Lust mehr hatte, das Publikum um Ruhe zu bitten. Und als er, sehr getragen, »My Funny Valentine« spielte, zum Klappern der Bestecke, da ergriff mich eine große Scham. Ich stand auf und verließ diesen verdammten Laden. Seitdem habe ich vielen Saxophonisten gelauscht. Fast alle dudeln sie Skalen. Rauf und runter. Lächerlich. Einen wie Stan Getz, den Benny Goodman den »größten Saxophonisten aller Zeiten« genannt hat und ihn später feuerte, hab ich nimmer gehört.

Noch einmal Stan Getz: 1971, als Solist mit dem Orchester Kurt Edelhagen. Zielsicher wie ein Adler über den Lämmern, so schwebte Getz über den Partituren. In der Pause fragte er mich unvermittelt: »Junger Mann, sagen Sie mir: Was ist Jazz?« Ich begann zu stammeln. Er unterbrach mich streng: »Merken Sie sich das: Jazz ist Rhythmus!« Ich hatte mich wieder gefasst und fiel ihm ins Wort: »Und die biegsame Schönheit der Melodie. Sie sind dafür das beste Beispiel.« Sanft lächelte der Meister und mysteriös. Tolstoj hat gesagt, Musik sei die Stenografie der Gefühle. Wenn das stimmt, war Stan Getz (1927–1991) ein fast überirdischer Stenograf.

Anfälle von Glück

Die genialen Hanswurste des Moscow Art Trio

Der Jazz hat Triobesetzungen erlebt, die so vollkommen waren wie ein gleichseitiges Dreieck. Das Benny Goodman Trio mit seinem eleganten Drive. Das Bill Evans Trio mit seiner depressiven Versunkenheit. Das Oscar Peterson Trio mit seinen muskulösen Akkordgewittern. Das waren alles amerikanische Jazzmusiker. Fast alle sind unter der Erde. Jetzt aber kommt Nachschub aus dem Osten: das Moscow Art Trio (MAT), ein Kind von Mütterchen Russland. Ein lieber, sehr erfolgreicher Bastard, der 1990 seinen ersten Schrei tat. Vater ist der Pianist Mikhail Alperin. Ein ukrainischer Jude, der viele Jahre in Moldawien lebte und sich jetzt in Norwegen niedergelassen hat. Er selbst hält sich für einen »rastlosen Zigeuner«. Zweiter Mann ist der Hornvirtuose Arkady Shilkloper. An Spiellust ein wunderbares Monster. Der Dritte ist Sergey Starostin, Sänger, Klarinettist und Folkloreforscher. Im Trio wohl der Russischste. Wenn man seine klagenden Lieder hört, muss man an Tolstoj denken. An den unersättlichen Bauer Pachom aus seiner Erzählung »Wie viel Erde braucht der Mensch?«: »Pachoms Knecht kam gelaufen, wollte ihn aufheben, aber Pachom lag tot da, und aus seinem Munde rann Blut. Die Baschkiren schnalzten mit den Zungen und sprachen ihr Bedauern aus. Der Knecht nahm die Hacke, grub Pachom ein Grab, genauso lang wie das Stück Erde, das er mit seinem Körper, von den Füßen bis zum Kopf, bedeckte – sechs Ellen, und scharrte ihn ein.« Auch Trauer gehört zum Gefühlshaushalt des MAT. Aber auch eine Max-und-Moritz-Verspieltheit auf der Bühne. Es ist ein auf hohem Niveau scherzendes Trio. Die Leute lachen, und alles ist gut. Diese Musik ist Medizin. Und Alperin ist ein delikater Pianist, der mich an Swjatoslaw Richter erinnert. Aber vielleicht ist es noch wichtiger, dass der Tastenmann und Spiritus Rector des MAT, na ja, eher ein Männchen mit Mäuseaugen, das Prinzip »Scherz, Satire und tiefere Bedeutung« in unsere Zeit hinübergerettet hat. Natürlich wissen die drei Russen, dass sie, wie wir alle, am Nasenring der Globalisierung hängen. Diese Perforation mitten im Gesicht ist idiotisch und schmerzhaft.

Die Leistung des MAT besteht darin, dass es mit dieser Verletzung spielerisch-kreativ umgeht. Mich erinnert die Gelassenheit und Leichtigkeit, mit denen sie musizieren, an eine Bemerkung von Rahel Varnhagen, einst Seele eines Literatursalons: »Was ich mache? Nichts. Ich lasse das Leben auf mich regnen.« Das MAT scheint eine Philosophie verinnerlicht zu haben, die ungefähr lautet: »Musik liegt überall herum. Man braucht sie nur aufzuheben! Wir sind Jäger und Sammler. Jazz? Das ist bei uns nur Zitat. Denn gemessen am kategorischen Swing-Imperativ Ellingtons, sind wir kein Jazzensemble. Unsere Identität liegt in einer entfesselten Musik. Wir glauben an einen Satz von Enzensberger: ›Es gibt keine Kunst ohne das Vergnügen.‹ Was sagen sie in Deutschland? Der Ball ist rund? Gut. Unsere Musik ist bunt.« Alperin lächelt listig. Alperin, der Entfesselungskünstler. Vor nicht langer Zeit meldete sich der Philosoph Peter Sloterdijk zu Wort: »Dass das Niedere dem Hohen den Rang abläuft – das ist die Generaltendenz des Kunstbetriebs im 20. Jahrhundert, und dass die Niedrigbegabten ihre Gleichberechtigung mit den Hochbegabten erkämpfen, das ist das Gesetz der modernen ästhetischen Entropie. Das latente Thema in der Kultur des 20. Jahrhunderts ist der Vorrang der Demokratie vor der Begabung.« So ist es, Exzellenz. Auf großen Strecken hat in den Künsten, vor allem in der Musik, der Pöbel das Wort ergriffen. Es ist ein »von unsern Entmündigungsmedien täglich und massenhaft emittierter Dreck«, so spricht Rühmkorf.

Aber andererseits, Sire, kann man doch nicht ein Leben lang vor dem »Goethischen« knien und John Lennon oder Louis Armstrong für Unrat halten. Es gibt, Herr Philosoph, eine packende CD des Moscow Art Trio zusammen mit dem bulgarischen Frauenchor Angelite und dem mongolischen Ensemble Huun Huur Tu, die ich Ihrem erfahrenen Ohr empfehle. Cocteau hat gesagt: »Der Alkohol bewirkt Anfälle von Wahnsinn. Das Opium ruft Anfälle von Weisheit hervor.« Ich füge hinzu: Das Moscow Art Trio erzeugt allerliebste Miniaturanfälle von Glück. Wie sehr weiß man diese Momente zu schätzen, wenn man über leidvolle Erfahrungen verfügt. Wie man mit den Mitteln der Musik Globalisierung betreibt, erlebte ich 1992 auf dem Flughafen von Peking. Ich musste zwei Stunden auf meinen Koffer warten. Derweil rieselte aus den Lautsprechern ein Kompositionspartikel der Beatles auf uns nieder. Es waren die ersten drei Takte von »Yesterday« (... all my trouble seemed so far away). Und nur die! Und dann als grausliche Instrumentalfassung. Ungefähr 800-mal durften wir das genießen. Na, dann lieber das Moscow Art Trio, wenn es mit seinem Globalisierungs-Gebiss knirscht. Das ist lustiger.

Der Astral-Pianist

Letzte Aufnahmen von Bill Evans

Seine Finger waren so geschwollen, dass sie wie Krautwürste aussahen, die zu lange in heißem Wasser gelegen hatten. Hamburg, Norddeutscher Rundfunk, Studio eins. 1. März 1972, etwa 16 Uhr. Ich stand hinter ihm und blickte über seine Schulter, verließ das Studio, weil ich keinem meine Tränen zeigen wollte. Das also war mein geliebter Bill Evans. Das also war der Pianist, der mir auf der sagenhaften Miles-Davis-Platte »Kind of Blue« ein Pfingsterlebnis verschafft hatte. Seine schwebenden Akkorde waren für mich Evangelium. Er transzendierte Gottfried Benns Satz von »den tiefen Dingen, die die Seele weiß«. Ach, 1980 wurde meine ans Heroin gefesselte Lichtgestalt zu Grabe getragen. Und das, was Miles Davis in seiner Autobiographie geschrieben hat, ist von delikater Ambivalenz: »Bill war ein großer Pianist, aber meiner Meinung nach spielte er nie wieder so gut wie bei mir. Es ist merkwürdig: Viele weiße Musiker – nicht alle, aber die meisten –, die in einer schwarzen Gruppe groß rausgekommen sind, gehen weg und spielen nur noch mit weißen Typen, selbst wenn's ihnen bei den schwarzen Jungs ganz gut ergangen ist. Bei Bill war es genauso.« Ruhig, Meister, ruhig! Es gab auch ein Leben ohne Miles Davis. Und das war keinesfalls zottig und belämmert.

Verlassen wir diesen Dampfer, der womöglich unter der Flagge des Rassismus durch die Musik pflügt. Wenden wir uns einer Edition mit acht CDs zu, die ein ergreifendes Vermächtnis ist. Ein Tränentrockner. Ein letzter Gruß an uns Hinterbliebene: Bill Evans Trio – The Last Waltz. Auf der Bühne des Keystone Korner, eines eher bescheidenen Nachtclubs in San Francisco, hatte Evans den Bassisten Marc Johnson und den Schlagzeuger Joe LaBarbara. Waren das seine Kofferträger? Keine Beleidigungen, bitte! Einst stand zu lesen, dass mit Bill Evans ein Pianist die Bühne betreten hätte, der die Demokratie innerhalb des Trios einführte. Die Ära der Rhythmus-Gurken war vorbei. Bassisten und Schlagzeuger waren endlich auch Menschen, und damit wurde eine Kommunikation unter Gleichberechtigten möglich. Scott LaFaro, der erste Bassist des Bill Evans Trio, spielte nicht mehr den »Sklaven-Bass«. Er musizierte selbstbewusst und stolz. Zusammen mit dem Schlagzeuger Paul Motian, der nie wie ein Dingading-Idiot trommelte, war LaFaro der ideale Gesprächspartner für Bill Evans. Eine zarte Talkshow war entstanden. Brüll-Monologe à la Reich-Ranicki hatten ausgespielt. Als hätte eine Oktoberrevolution im Piano-Trio des Jazz den Zarismus hinweggefegt. Eine völlig andere Bewusstseinsebene war erreicht. Sie erinnert an Zeilen aus Ingeborg Bachmanns »Römischem Nachtbild«: »Keiner springt ab. So gewiss ist's, dass nur die Liebe und einer den anderen erhöht.« Genau das geschah in den neun Nächten vom 31. August bis zum 8. September 1980, wenige Tage vor dem Tod des großen Musikers. Das Trio spielte 65 Titel. Einige stammen aus der Feder von Evans. Das meiste Material gehört zur Liederbibel des amerikanischen Showbusiness: »Polka Dots And Moonbeams« von Jimmy Van Heusen, »Spring Is Here« von Richard Rodgers, »My Foolish Heart« von Victor Young, »My Man's Gone Now« von George Gershwin. Das sind Edelsteine, die das Trio mit kostbaren Fassungen umgibt. Und dann ist da noch »Nardis« von Miles Davis. Eine explosive Kurzkomposition, die im Lauf des Gastspiels sechsmal dargeboten wird. Wim Wenders spricht von »Blitzen, die durch Musik in mich hineinfahren«. Das ist so ein Blitz. Ich schwöre! Welch ein Improvisationsexzess! Welch eine Hitze! Welch ein Wagemut! Erinnert an Zirkuskuppeln und an chinesische Trapezkünstler. Oder an Zustände, wie sie Rühmkorf in seinem Gedicht »Hochseil« beschreibt.

Zu guter Letzt ein väterlicher Rat an die hochwohlgeborenen Damen und Herren mit den schmalen Lippen, die glauben, Jazz sei Gebell von irgendeinem Hinterhof. Sie mögen sich diese acht CDs anhören. Wo schon der große Theater- und Filmschauspieler Günter Lamprecht über den Jazz gesagt hat: »Mein Gott, was für eine Musik!« Und bei Nichtgefallen? Am besten die Ohren zurückgeben an den Schöpfer. Wieder hinein in die Ursuppe. Apropos Untergang: Während der Aufnahmen des Bill Evans Trio saß der Knochenmann bereits im Publikum. William John Bill Evans starb sieben Tage später, am 15. September 1980, 50-jährig in New York.

Der Heilige

Lester Youngs Studio-Sessions

Sein Leben war eine Historia Morbi. Lester Willis Young (1909 bis 1959) trank. Zum Beispiel Gin mit Sherry oder Likör mit Bier. Er aß Sardinen mit Eiscreme. Jahrelang schlief er bei Licht und voll aufgedrehtem Radio. Er las Comics und besaß eine Spritzpistole. Mit der attackierte er die Leute von der Basie-Band, in der er spielte. Infantil, närrisch, verrückt? Vielleicht. Aber vor allem war der Exzentriker Young einer der feinsten Tenorsaxophonisten unter der Sonne, aus der er sich nichts machte. Young war wie eine Erfindung des Surrealismus; er fand einen Spielstil, der dem von Coleman Hawkins, der seinerseits als Vater des Jazzsaxophons gilt, diametral entgegengesetzt war.

Hawkins knarzte und lärmte auf seinem Horn. Ein Macker. Young entwickelte ein elegantes Parlando, das enorm swingte und viele Nachfolger inspirierte. Etwa Al Cohn. Lester Young, dieser Mister Seltsam, war der Erfinder der Schule »Saxophon spielen, wie andere singen«. Der Mann, der Wildfremde mit der Frage ansprach: »Wie geht es Ihren Gefühlen?«, spielte in der Diktion von Billie Holiday, die ihre Lieder auf ihrem wunden Herzen zergehen ließ. Holiday und Young, dieses Schmerzensduo des Jazz. Angebetet und verehrt und trotzdem: einsam, einsam, einsam, so ein Hochsitz in der Musik. Der Swing-Trommler Jo Jones erkannte: »Lester spielte eine Menge musikalischer Phrasen, die in Wirklichkeit Worte waren. Er konnte buchstäblich auf seinem Horn sprechen. Das war seine Art von Gespräch. Ich könnte seine Gedanken auf Papier schreiben, von dem, was ich aus seinem Horn heraushöre.« Lester Young wäre eine erstklassige Therapie für die Tobsucht der Saxophon-Jugend unserer Tage, die wie der Transrapid durch ihre Instrumente brettert.

Young war auch das Lob der Behutsamkeit, der Zartheit, ja der Menschlichkeit. Davon legen sieben CDs Zeugnis ab: The Complete Lester Young Studio Sessions (Verve 314 547 087). In einer vorbildlichen Edition hat Norman Granz diese 112 Titel von 1946 bis 1958 produziert. Die Qualität wankt. Irre gut, wenn Nat King Cole am Klavier ist. Bedauerlich, wenn René Urtreger diesen beboppelnden Platz einnimmt. Aber das war auch 13 Tage vor Youngs Tod. Er muss so einen Quatsch wie »Lullaby of Birdland« spielen. Das gibt Young den Rest. Jazzologe Schuller hat ihn »den Gandhi des Jazz« genannt. Gäbe es so etwas wie eine Enzyklika des Jazz, dann würde sie lauten: »WIR sind besorgt über die Globalisierung des Jazz. Die fortschreitende Bastardisierung dieser Musik durch leichtfertige Vermengungen mit der Weltmusik bekümmert UNS. WIR beten für eine Erhaltung des Jazz und empfehlen das Studium des heiligen Lester Young.«

Atmet frei!

Keith Jarretts Glücksversprechen in München

Jarrett is in town. Und München flirrt vor Hitze. Schwarzer Markt vor dem Konzert. Hunderte von Mark für eine Karte. Die Bayerische Staatsoper ist bis auf die letzte Zinne besetzt. Beifallumtoster Auftritt des Trios von Keith Jarrett, dem Pianisten und Regenmacher. Er ist klein, schlank, grauhaarig. Aus der dunklen Ecke der Bühne sagt Mutti Jarrett, wir sollen artig sein und nicht fotografieren. Klingt leicht drohend. Jarretts Tonfall, der wie eine Konfrontation mit der Würde des Publikums wirkt, scheint die ersten Stücke zu belasten. Keine Hand rührt sich nach seinem ersten Piano-Solo. Noch schläft das Trio des Tastengenies, das Friedrich Gulda mit der Ohrfeige »weitaus wichtiger als Horowitz« beschrieben hat. Erst als Gary Peacock, der Bassist, in einem sagenhaften Solo einem Blues die Knochen einzieht, ist das Trio hellwach.

Jarrett ist kein ausschließlicher Sitzpianist. Jetzt reißt's ihn hoch vom Stuhl, und er spielt stehend, fast tanzend. Pedalkunst eines Brendel? Null! Jarretts Repertoire? The American Songbook. Was die Babbits und Kannitverstans so hören. Gewürzt mit Jazz. Keine große Musik. Erst Jarrett macht sie größer. Jetzt ist das Konzert gerettet. Und das Publikum fällt in eine Verehrungstrance. Vielleicht weil es Jarretts Nähe zu Laotse spürt: »Der Vollendete handelt ohne Antrieb, schafft ohne Gegenstand, er denkt ohne Ziel.«

Aber in dem Trio wirken auch Fliehkräfte, die zerstörerisch sein können. Den Pulsschlag, den Beat von drei derartig ausgeprägten Individuen auf einen Nenner zu bringen, das erfordert ein meditatives Bereitsein. In diesem Sinn ist das Trio ein Wunder. Die philosophische Mäßigung, der sich der Schlagzeuger Jack DeJohnette verschrieben hat, ist atemberaubend. Umso mehr, als ihm alle Mittel der Perkussion zur Verfügung stehen. Vom Seufzen der Snare über das liebliche Bimmeln einer Glocke bis hin zu vulkanischen Ausbrüchen auf seinen Trommeln.

Nach der Pause übertrifft sich das Trio. Es kommt einem jetzt vor wie eine Raumfähre, die im Universum der Musik ruhig ihren Kurs zieht. Kategorien zerfallen zu Staub. Der Musikkritiker neben mir sieht aus wie eine aufgetaute Leiche. Das Trio stellt fest: Das Ausgangsmaterial ist uns fast gleichgültig. Selbst so ein Showbiz-Schnurz wie »There'll Never Be Another You« beginnt zu leuchten. So einen Wiederbelebungsversuch an einer ertrunkenen US-Schnulze macht Jarrett keiner nach. Und ein Bebop-Klassiker wie »Oleo« von Sonny Rollins blendet uns noch heute mit seiner schizoiden Schönheit. Das ist reine Jarrettologie! Wiederauferstehungserlebnisse von einer fast religiösen Aura.

Das Auditorium spürt die Einzigartigkeit dieser Nacht. Alle haben sich erhoben und applaudieren frenetisch und rufen, schreien in Richtung Bühne. Als hätte man Jarretts Botschaft begriffen, die weit über seine Musik hinausgeht: »Atmet frei, ihr Menschen in euren Zivilisationskisten. Seht, wir geben euch ein Beispiel, auf dass ihr nicht jeden Klangschrott unserer Tage inhaliert und also zu Tode kommt, obwohl ihr weiteratmet!« Hinter mir sagt eine Frau, angegriffene Society-Biene: »Jetzt ist er hoffähig.« Ich aber denke: »Gnädige Frau, die Frage ist, ob sie jemals Jarrett-fähig sein werden.« Und dann schicke ich diesem unglaublichen Trio einige Zeilen von Rilke hinterher. Aus seinem »Stunden-Buch«. »... und waren Könige von Klängen. Und mild und tief und meisterlich.« Dann bestieg der große Regenmacher mit seinen Leuten einen Privatjet nach Nizza, von wo man gekommen war. Wenn das nicht Globalisierung ist!

Naughty by Naura

4 kurze Texte im Flattersatz

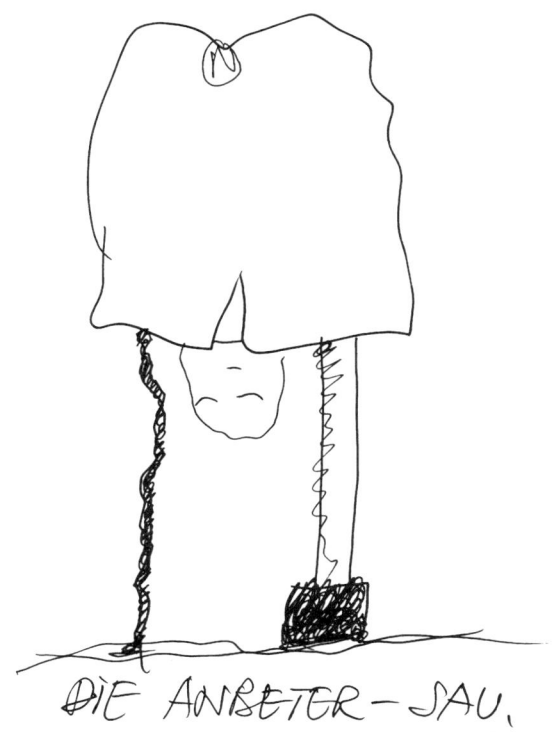

Ruhe sanft, Jazz

Dies ist eine Grabrede. In tiefer Trauer gebe ich bekannt, dass der Jazz im Sterben liegt. Ein wüster Virus hat ihn aufs Totenlager geworfen. Eine unheilbare Krankheit. Doch davon später. Jetzt nur so viel: Sie heißt »Globalisierung«. Was diese Pest (einige halten sie für ein Naturgesetz) bewirkt, hat vor etwa 30 Jahren ein Kirchenmann vorausgesehen. Papst Paul VI. schrieb in seiner Enzyklika über den Fortschritt der Völker, »Populorum progressio«: »Zum Unglück hat sich mit der Industrie ein System verbunden, das Profit als den eigentlichen Motor des gesellschaftlichen Fortschritts betrachtet, den Wettbewerb als das oberste Gesetz der Wirtschaft, Eigentum an den Produktionsgütern als absolutes Recht, ohne Schranken, ohne entsprechende Verpflichtungen der Gesellschaft gegenüber.«

Heiliger Vater, Du warst der Größte, denn du hast erkannt, was uns zum Teufel schicken wird. Und dabei ist der Jazz eines der kleinsten Opfer der Globalisierungs-Seuche. Wie so viele war ich anfangs gutgläubig. Ach Gott, dachte ich, das kann doch nicht schaden, wenn die Musiker rund um den Erdenball einen kollegialen Austausch betreiben. Und als Albert Mangelsdorff 1968 nach einer Asien-Tournee seine LP »Now Jazz Ramwong« veröffentlichte, frohlockte ich: »Alle Menschen werden Brüder.«

Bis ich gewisse Konzerte auf der Bühne erlebte. Da gefror mir das Frohlocken zu Scheiße, und ich erschrak, und ich schämte mich. Denn ich sah die berühmten amerikanischen und europäischen Improvisatoren, wahrlich Maharadschas ihrer Solo-Instrumente, und sie waren demütig umgeben von ihrer mahagonifarbenen Dienerschaft, die auf Teppichen hockte und mit Zimbeln zirpte. Und Joe Zawinul duckte sich wie eine erschrockene Maus hinter sein Elektrizitätswerk und überließ die Musik seinen Kollegen aus Afrika. Und als einst das Art Ensemble of Chicago zusammen mit afrikanischen Musikern in Hamburg auftrat, wurde dem Veranstalter unter Drohungen eingeschärft, den Afrikanern die Höhe der Gage nicht zu verraten. So viel zur Gleichberechtigung unter Musikern, die in »globalisierten« Konzerten auftreten.

Ein Blick in den Rückspiegel. Wenn Yehudi Menuhin seinerzeit durch »Honeysuckle Rose« stolperte, war das schon global oder doch nur egal? Vielleicht ein erstes Wetterleuchten vor dem Hurrikan Globalisierung? In der Musik geht es um Tiefe, nicht um Schminke! Wie platt »Musi« sein kann, das wird uns im Fernsehen ständig vorgeführt. Selbst so ein ergreifendes Stück wie »Stille Nacht« wurde gerade im TV geschlachtet. Der Metzger: ein prominenter, im Dauergrinsen preiswürdiger Chorleiter aus Süddeutschland. Und niemand schreit auf. Was hat mir der Kulturstaatsminister Naumann einst gesagt? »Naura, der Zweite Weltkrieg wurde nicht mit Waffen gewonnen, sondern mit dem Rock'n'Roll!« Yes, Sir, so ist es! Wir erleben einen Krieg mit akustischen Mitteln. Im Gepansche des Multikulti wird immer deutlicher: Die Glut des Jazz verschwindet. Das ist wie: Hoden ab! An ihre Stelle tritt ein kolonialistischer Klang-Gulasch, der an den letzten Kupferstich von William Hogarth erinnert. Er ist eine Allegorie des Abschieds, ein Bild des Schreckens. Der Rassist Archie Shepp hat das vorausgesehen: »Ich denke, der Musikstil, den man gemeinhin mit Jazz umschreibt, verflüchtigt sich heute mehr und mehr. Kein Wunder, denn unsere Mediengesellschaft mit ihrer Fernseh- und Video-Kultur beeinflusst die Leute vor allem visuell und weniger auditiv. Jazzgruppen auf der Bühne wirken da sowieso altmodisch, wenn man sie mit Michael Jacksons

Video ›Thriller‹ vergleicht.« Na gut, Archie! Sorgen wir dafür, dass der Jazz würdig in die Erde kommt. Und lass uns aufpassen, Archie, dass die immer überflüssiger werdenden Jazzmusiker, die nicht mit singenden Elchkühen kooperieren, auf keinen Fall von dieser US-Billigfutterkrippe zu »Swingenden Frikadellen« verarbeitet werden.

Music and all that sex

Als das Genie Keith Jarrett in seinen besten Zeiten sich ächzend und improvisierend über den Flügel hermachte, da hörte es sich so an, als würde er Flüssigkeit verlieren. Da wurde es so mancher Dame warm ums ... na ja, lassen wir das. Wer hätte nicht am eigenen Leib erlebt, dass Musik ein gewaltiges Aphrodisiakum sein kann, das sozusagen Leichen zu einer Erektion verhilft. Ich habe selbst gesehen, wie Jarrett beim Soundcheck dem Flügel auf eine seiner Rundungen klopfte. Dabei murmelte er: »He, wach auf.« Auf mich wirkte das wie die Verwandlung des Instruments in einen Geschlechtspartner. Die Kunst der Improvisation führt uns direkt ins Land der Erotik, der Hormone, um nicht zu sagen ins Land der ejakulierten Sounds. Ich kenne ein Foto von Peter Brötzmann, das ihn in full speed bei einem Konzert in Abidjan, Elfenbeinküste, zeigt. Wahrlich ein schweißtreibender Ort. Man sieht unseren Peter, wie er sich langsam in Salzlake auflöst. Er spielt und es rinnt. Sein Gesicht: eine Landschaft des Schreckens. So sehen Gebärende aus. Oder der einsame Wichser im Starkstrom des Orgasmus.

    Long ago and far away. Ich war unterwegs in New York im Village. Plötzlich, vor einem dieser eleganten Fresstempel, da! Dieser Piano-Sound! Das is doch ... Ich rein, und wen seh ich? Teddy Wilson am Klavier. Traurig, grauhaarig, dunkler Anzug, »Blue Moon«. Kein Schwein hört ihm zu. Alle sind mitten im Augen-Fick. Die mondänen Magermiezen mit den dazu passenden Deckhengsten. Musik als Quantité négliable.

    Musik kann aber auch in Mord und Totschlag enden. Das beschreibt Tolstoj in seiner Erzählung »Die Kreutzersonate«. Das Thema: Geiger fickt Ehefrau. Der Gehörnte greint: »... und als Band zwischen ihnen die Musik, das raffinierteste sinnliche Lock- und Reizmittel. Was konnte ihn zurückhalten? Nichts! Im Gegenteil, alles musste ihn locken. Sie? Was war sie denn? Sie war mir immer ein Rätsel gewesen und war es heute noch. Ich kannte sie nicht. Ich kannte nur das Tier in ihr. Ein Tier aber kann und darf durch nichts zurückgehalten werden. Jetzt erst entsann ich mich ihrer Gesichter an jenem Abend, als sie nach der Kreutzersonate ein leidenschaftliches Stück spielten, ich weiß nicht mehr, von wem, ein bis zur Geilheit sinnliches Stück.« Tolstoj lässt viel Blut fließen. Ich bevorzuge Sperma. Über unsere erotisierenden Konzerte anno dazumal in Lübeck hab ich mal geschrieben: »Ach Gott, das fröhliche Fleisch der schönen Mädchen von Lübeck, ihr ›andachtsfackelchen‹, ihr ›quell der fröhlichkeit, der zungen honigseim, des hertzens marcipan‹, welch Trost wart ihr uns in diesen Nächten.«

Und jetzt kommen wir endlich zu Diana Krall, vortreffliche Pianistin und Sängerin. Am liebsten würde ich bei dieser Lady unterm Flügel Platz nehmen. Wegen des Sounds und wegen des Anblicks. Ich flehe: Herr, lass mich ihr Pedal sein! Und während das Schwarze des Flügels sich über mir wie ein Baobab-Baum wölbt, liege ich, inzwischen zu einem Leoparden mit peitschendem Schweif verzaubert, der Pianistin zu Füßen und starre mit funkelnden Augen auf ihre magischen Beine.

Konvention und Jazz

»Hässlich ist das Konventionelle.« Welch ein wunderbarer Satz! Geht mir runter wie Himbeer-Bowle. Er stammt von der französischen Schauspielerin Jeanne Moreau, dieser Göttin. Erinnern Sie sich noch? Sie spielte die intrigante Marquise de Valmont in Roger Vadims »Gefährliche Liebschaften«. Madame Moreau: »Hässlich ist das Spießige, Kleingeistige ... Ich bin ein Tier. Wenn ich drehe, fühle ich mich wirklich wie ein Tier. Dann denke ich nicht. Das ist wie im Alltag, beim Putzen oder Spülen, da fallen die Gedanken einfach ab.«

Ist das nicht ein großartiger Standpunkt? Die Birne ist abgeschaltet, das Unterbewusstsein schaltet und waltet. Und was kann dieser große, bunte, schmutzige, riechende Jazz von der Moreau lernen? Jetzt passt auf, ihr Hirnhunde an den Instrumenten! Bedenkt zuerst einen Satz von Dashiell Hammett. Er lautet: »... mit Einbruch der Dunkelheit schüttelte sein Hirn die Benommenheit ab und wurde empfindlich bis zur Schmerzgrenze.« Jetzt zur Moreau-Moral des Jazz! Scheißt es wieder aus, womit man euch vollgestopft hat: diese stinkenden Noten-Pommes, diese fettigen Theorie-Soßen. Es sei denn, ihr wollt in irgendwelchen Orchestergräben sitzen – karajanesk! – und bei lebendigem Leibe verfaulen! Weg mit den zickigen Saxophon-Schulen! Hinfort mit dem pseudo-professoralen Quatsch irgendwelcher Systeme! Denkt daran: Jazz ist eine Spiegelung eures Ichs. Und das ist kostbar. Ihr Hinfälligen vom Oldtime-Durchpausejatz, die ihr unaufhörlich die heiligen Gräber von King Oliver, Louis Armstrong und Duke Ellington durchsiebt auf der Suche nach Erlösung. Ihr versucht eure entsetzliche Leere mit den Knochensplittern der großen Vorfahren zu füllen, aber an den Achttausendern sind schon manche erfroren. Ihr Klarinette spielenden Zahnärzte. Ihr am Beat vorbeitrommelnden Versicherungshauptabteilungsleiter. Geht in die Politik! Dort werden Blendwerker gebraucht. Wer aber drauf pfeift, eines Tages Ministerpräsident zu werden (Spendensammeln eingeschlossen), der lese Zeilen meines Bruders im Geiste, Peter Rühmkorf:

Lieber nachts noch mal raus,
um der Wirklichkeit schluckweise näherzukommen.
Eine qualmende Müllschütte im Mai
kann zum Beispiel schon eine ausgesuchte Erhebung sein,
ein Leuchtschlitz überm Rock
ein Grund sich zu verlieren –
Nichtsolaut! Die Stunde der Wahrheit naht,
wo wir uns selbst etwas vormachen ...
Einen Arsch im Anflug wie ein aufgeschlagenes Buch
     betrachten.
So ein Tal noch mal nachempfinden.
Einem Schritt einfach-so-Folge-leisten, ja?
die Drehtür durch,
den Flur lang,
Treppe runter,
m i t t e n   r e i n   i n   d i e   M u s i k !
Aber nicht jetzt den Beat mitklopfen;
von einer gewissen übergeordneten Warte aus
ist auch Rhythmus nur ne Verkrampfung.
Naja und dasdann – wollnwirmal – in einen losen Faden Hanf
l a n g s a m   – verwickeln lassen sich –

Welchen Jazz hört Gott?

Als Gott eines Morgens die Augen aufschlug, fiel sein Blick auf das Radio. Gott hatte ein Problem. Seine Unsterblichkeit begann ihn zu langweilen. Und das Schlimmste war, dass Gott, der alle Sender kannte, sich schütteln musste, wenn er an gewisse Radio-Stationen dachte. Er hatte sie nummeriert: RS 1, RS 2, RS 3 usw. Das war das Kürzel für REAL SHIT. Aber Gott der Allmächtige hatte auch seine Lieblings-Sender. Einer von ihnen war der WDR. Wenn Gott an den dachte, begann er zu lächeln. Und Gott schaltete seinen Darling an. Und Gott sah, dass er gut war. Man muss wissen, dass Gott ein Jazzfan war. Darin war er wahrlich von einer überirdischen Bildung. Er konnte das Solo von Louis Armstrong in »West End Blues« nachpfeifen. Selbst das hohe C am Schluss, das Louis vier Takte lang hält, hatte Gott drauf. Und Keith Jarretts Solo-Exzesse »Sun Bear Concerts« konnte der HERR auf dem himmlischen Piano allesamt nachspielen. Na ja, er war halt ein gebildeter Gott.

Nur eines hatte Gott nicht im Griff: seinen Widersacher Satanas. Dieser hatte einen grauslichen Musikgeschmack. Er hört in seinem glühenden Laden CROSSOVER. Der LEIBHAFTIGE rührte alles durcheinander: Techno, Mozart, Nazi-Lieder, Miles Davis, Dieter Bohlen. Es war eine schmierige Collage. Aber sie erregte ihn tief und animierte ihn zu sexuellen Exzessen. Das alles ging Gott auf die Nerven, denn des Teufels Klangbrei war laut und drang bis zu den göttlichen Gefilden vor. Selbst schwerste Wolkenbänke konnten Gott nicht von dieser höllischen Belästigung abschotten. Da ließ Gott seinen Chef-Berater, den Erzengel Michael, kommen und sprach: »Mein Lieber, so geht es nicht weiter. Luzifers Klang-Orgien machen mich krank. Sie sind schuld an meinem Blutdruck.« Und der Erzengel antwortete: »Wie du mir, so ich dir. Lass uns den Leibhaftigen mit göttlicher Musik beschallen. Und zwar so laut, dass die Gestirne wackeln.« Und so geschah es. Die himmlischen Heerscharen spielten J. S. Bach, Benny Goodman und Jan Garbarek so laut, dass Luzifer seine stinkenden Gedärme erbrach und daran verendete.

In diesem Augenblick erwachte Gott. »Komisch«, dachte er, »wieso träume ich immer wieder von meinem Widersacher?« Und Gott lächelte ein unsicheres Lächeln. Dann überfiel ihn eine große Müdigkeit, und der Lenker aller Welten sank in einen sanften Schlaf. In einen wahrhaft göttlichen Schlaf.

Sieben purpurne Märchen

Es war einmal ein greiser Blues-Musiker, der glaubte, er wäre ein verzauberter Baum. Des Nachts, wenn er neben seiner fast erloschenen Frau lag, meinte er ganz deutlich das Rauschen seiner Krone zu vernehmen. In diesen Augenblicken machte er heimlich das Licht an. Er betrachtete seine Arme, und manchmal war ihm, als könne er in ihnen tatsächlich Äste, ja sogar die Struktur ihrer Rinde erkennen. Und wenn ihm in den Momenten des ungläubigen Schwankens zwischen Mensch und Baum ein Schmerz durch den Fuß jagte, scharf und drohend, dann wusste er nicht, ob ihn wieder einmal die Gicht plagte oder ob ein Holzfäller-Kommando sich mit Motor-Sägen an seinem Stamm zu schaffen machte. Eines Morgens fühlte er eine nie gekannte Mattigkeit. Bei dem Versuch, sich zu erheben, merkte er, dass irgendetwas in seinem Innern zu versagen anfing. Er blieb liegen, überhörte das Plappern seiner Frau und fiel in einen Dämmerschlaf. Das kalte Metall eines Stethoskops an seiner Brust war das Erste, was er wieder spürte. Alle Fragen der Ärzte beantwortete er mit einer fatalistischen Bewegung seiner rechten Hand. Aus seinem Mund drang kein Wort. Erst als er bemerkte, dass er mit Lederriemen an sein Bett gefesselt worden war, schien er etwas sagen zu wollen. Aber da war keiner mehr im Zimmer. Da entschloss sich der alte Blues-Musiker, den Atem anzuhalten. The blues is over, folks. Als am nächsten Morgen die Nachtschwester den Toten fand, dachte sie: »Seltsam, er sieht aus wie der alte Baum im Garten von Bessie. Diese Mischung aus Grau und Braun. Nur die Nasenspitze wie ein Holzpilz, der in der Rinde nistet.«

Es war einmal eine Jazz-Sängerin, die war rothaarig. Sie hatte nichts weiter im Kopf als einen einzigen Gedanken: Wie kann ich die Schönheit meiner roten Haare steigern? So kam es, dass sie jeden Morgen einem Hahn den Kopf abschlug und in dessen noch warmem Blut ihr rotes Haar badete. Doch schon bald danach hatte zu ihrer Verzweiflung das Haar die blutige Bräune von Rindfleisch angenommen. Je älter die Jazz-Sängerin wurde, desto vergesslicher war sie. Und so geschah es, dass sie immer öfter vergaß, das gestockte Hahnenblut von ihrem Haupt zu entfernen, um jeden Morgen frisches, dampfendes Blut, das gleichsam gerade eben noch Kikeriki geschrien hatte, auf ihren Kopf zu gießen. Das ging so weit, bis das rothaartolle Jazz-Weib einen Blutpanzer von so widerwärtigen Ausmaßen auf ihrem Schädel balancieren musste, dass sie sich nicht mehr erheben konnte. Und weil sie, nachdem sie unbeweglich geworden war, auch nicht mehr den Hähnen nachstellen konnte, verdarb sie wie Fleisch in der Sonne. Bald war von der flammenden Schönheit der Jazz-Sängerin nichts mehr zu entdecken, so sehr war sie von Fliegen bedeckt. Seitdem heißt es: Des Menschen letzter Freund ist die Fliege.

Es war einmal eine Jazz-Pianistin, die hatte schwarzes Blut in ihren Adern. Sie litt sehr darunter, und sie hätte ihre Seele verkauft, nur um ganz normales rotes Blut aus einer Schnittwunde am eigenen Körper fließen zu sehen. Nachdem sie die gesamte Fachliteratur über den Lebenssaft des Menschen gelesen hatte, richtete sie sich ein geheimes Labor ein. Alsdann verschaffte sie sich die absonderlichsten Tinkturen, stattete ihr kleines Institut mit modernster Intensivstation-Technik aus und machte sich ans Werk. Sie zapfte sich ihr schwarzes Blut ab, ersetzte es durch ein modernes Serum und begann eine Reihe waghalsiger Experimente, bei denen auch die Radioaktivität eine Rolle spielte. Sie unterwarf ihre Körperflüssigkeit höchsten Temperaturen mit dem Ergebnis eines totalen Haarausfalls. Sie arbeitete mit nordfriesischen Maismilben und der Scheiße talibanischer Wüstenpferde. Sie vergaß auch nicht, ihrem Treiben einige magische Formeln indianischer Zauberer hinterherzuschicken. Es war alles vergebens. Das Blut blieb schwarz, ja, je mehr sie es traktierte, desto mehr begann es, giftiggrünschwarzwiederteufel zu schimmern, dass es einen grauste. Eines Tages sagte ihr Mann: »Hör mal, Liebling, aber du riechst aus dem Mund nach Benzin«, und zündete sich eine Zigarette an. In diesem Augenblick flog die Jazz-Pianistin in die Luft und brannte bis auf einen schwarzen, öligen Rest völlig aus.

Es war einmal ein Saxophonist, der träumte, er hätte zwei Köpfe. Mit dem einen dachte er, mit dem anderen aß er. Eines Tages wurde der Denker-Schädel ganz neidisch auf den Fresser-Schädel, als er sah, wie der Braten, Torten und Schnaps unaufhörlich schluckte. Da sagte er: »Du, lass uns mal tauschen.« Der Fresser-Schädel war ein Dummerjan und sagte: »Na klar, hab nichts dagegen.« Von da an war dem Fresser-Schädel das Denken überlassen, und der Denker-Schädel war für die Ernährung zuständig. Es dauerte nicht lange, und der Mann mit den zwei Köpfen war völlig auf den Hund gekommen. Denn nun konnte ihn jeder Tölpel hinters Licht führen, und weil er vor jedem Essen von zu viel philosophischen Skrupeln geplagt wurde, war er bald nur noch Haut und Knochen. Da sagte der Denker-Schädel zu dem anderen: »Du, das war ein Fehler. Wir müssen den Tausch rückgängig machen.« Das war aber, o Graus, nicht mehr möglich. Nur noch eine Gnade widerfuhr dem Denker-Schädel. Er durfte an jene Stelle umziehen, wo die Männer von jeher ihre Lanze haben. Diese musste sich bequemen, neben dem Fress-Schädel auf den Schultern Platz zu nehmen.

Es war einmal eine Frau, die war Jazz-Flötistin. Es ging ihr nicht gut. Mit der Flöterei war nichts zu verdienen, und so hatte sie sich auf die Landwirtschaft geworfen. Sie lebte davon, dass sie kleinwüchsige, delikate Rüben anbaute. Teltower Rübchen. Die Geschäfte gingen gut. Bis eines Tages eine Klima-Katastrophe das Land in Dürre und Elend niederwarf. Nichts wuchs mehr, weil überall das Feuchte fehlte. Nur in den Menschen selbst hatte die Trockenheit noch nicht gesiegt. Und so verfiel die arme Frau auf den Gedanken, in sich selbst, in ihrer Intimität Rübchen zu ziehen. Siehe da, die Erträge waren ausreichend, und so fristete sie ihr Leben als ihr eigener Acker. Eines Tages geschah es, dass es ihr nicht gelang, ein Rübchen aus sich selbst herauszuziehen. Das verfluchte Gemüse wuchs und wuchs, durchbrach Häute, Knochen und Organe der ehemaligen Jazz-Flötistin. Die Frau tat bald ihren letzten Seufzer und ward Jahrhunderte später zur Schutzpatronin aller Rübchen-Züchter ausgerufen.

Es war einmal eine Frau, die war Jazz-Komponistin. Nach dem Attentat von Manhattan fand sie nicht mehr zu sich. Sie streifte meist durch den Central Park und pinkelte im Stehen. Wenn sie müde war, legte sie sich einfach nieder. Als sie eines Abends erwachte, entdeckte sie, dass sie neben einer sehr alten Holzluke geschlafen hatte. Sie öffnete die Luke und erblickte einen Schacht, der in die Tiefe führte und der von qualmenden Fackeln erleuchtet war. Feuchte Steinstufen führten hinab. Die Frau begann die rätselhafte Treppe heinabzusteigen. Sie stieg und stieg. Jahr um Jahr. Bis sie alt und grau geworden war. Plötzlich hatte der Schacht ein Ende. Und dann sah sie, mein Gott, eine ganz, ganz alte Frau, die völlig aus Spinnweben bestand. »Hab keine Angst, du Menschenkind«, flüsterte die Alte. »Du bist die Treppe des Lebens herabgestiegen. Gleich nebenan geht es wieder nach oben. Du wirst viele Jahre nach oben steigen. Stufe für Stufe. Und du wirst immer jünger werden. Und zum Schluss wirst du erwachen aus diesem Treppentraum, der der Sinn des Lebens ist. Und du wirst dir die Augen reiben und heimgehen zu den rauchenden Türmen. Und niemand wird dir deine Geschichte glauben.«

Es war einmal ein Mann, der war Jazz-Trompeter. Er war ein Freund von Dizzy Gillespie, aber noch mehr war er ein Freund der Wolken. Er verstand die Sprache dieser wässrigen Wesen und wurde von ihnen gelegentlich eingeladen, den Himmel zu erkunden. Zu diesem Zweck näherte sich eine Wolke der Erde, ergriff sanft den Mann und entführte ihn manchmal tagelang auf ausgedehnte Reisen. Eines Tages geschah es, dass der Mann auf einer dieser Exkursionen in die Nähe einer Gewitterwand geriet. Sie stand schwarz und drohend am Horizont. »Das ist unsere cholerische Freundin«, sagten die Wolken. »Sie wirkt nur so gefährlich. Am Ende spendet sie viel Wasser für die Pflanzen. Sie ist nur ein bisschen unnahbar und hält mit Blitzen auf Distanz.« Der Jazz-Trompeter aber war neugierig und überredete eine naive Lämmer-Wolke, ihn in das Zentrum des Gewittersturms zu tragen. Doch kaum war der Mann umhüllt von den tobenden Schwaden des Unwetters, als ein Blitz ihn vom Scheitel bis zur Sohle spaltete, danach in tausend Stücke zerspringen ließ, die als Hagel viel Unglück auf den Plantagen anrichteten.

Briefe an Naura

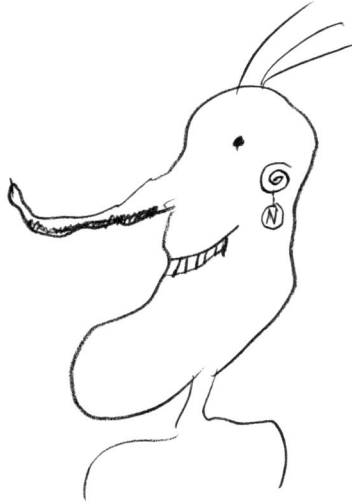

Dr. Michael Naumann
Staatsminister beim Bundeskanzler

29. Juli 1999

Lieber Michael Naura,

daß Du am 31. Juli in den sogenannten »Ruhestand« trittst, kann ich aus verschiedenen Gründen nicht glauben. Zum einen sehe ich Dich nicht ruhend und auch nicht stehend und ruhend vor meinem geistigen Auge, zum andern kränkt es mich natürlich, daß mit Dir einer der letzten Repräsentanten der eigentlichen Musik unseres Jahrhunderts, des Jazz, aus den Grotten des NDR nach außen tritt. Wer wird in Zukunft die Lanze für unseren geliebten Jazz dort brechen?

Deine Arbeit für das musikalische Wohlergehen Deiner Hörer, Deiner Freunde und natürlich auch der Literatur soll nicht aufhören. Hin und wieder, auf langen Autofahrten, höre ich Dich zusammen mit Peter Rühmkorf und den anderen vom Band. Die Literatur- und Musikgeschichte wird später einmal staunend über Eurem Kunstwerk stehen und sich fragen: »Wie war's denn möglich?« Dabei ist die Antwort doch ganz leicht: Aus Liebe und Freundschaft. Wenn mich jemand fragt, was ich von Michael Naura halte, sage ich: »Was der mit der linken und der rechten Hand gleichzeitig macht, schafft diese Regierung nicht. Disziplinierte Akkorde, verwegene Improvisationen, chromatische Verschiebungen, wie es ihm paßt – doch immer das Gefühl, daß alles sich fügt zu einem schönen Großen und Ganzen.«
Lieber Michael, keep on trucking!

Dein Michael

Prof. h. c. Joachim-Ernst Berendt

5. Oktober 1994

Lieber Michael,

schon jahrelang mache ich die Erfahrung: ob ich in einer Hamburger Kirche das Friedensoratorium für Bosnien mache oder bei den Festwochen in Berlin zu tun habe oder jemanden von der ARD treffe, immer wieder höre ich mal: Der Michael Naura spricht so schlecht über Dich.

Zunächst einmal, Michael: Jedes Ressentiment, jeder Zorn, den wir haben, ist unser eigener, hat mehr mit dem zu tun, der ihn hat, als mit dem, gegen den er sich richtet. Die Leute, die mir von dem, was Du über mich sagst, berichten – gemeinsame Bekannte, Kritiker, frühere Kollegen – lächeln darüber, schütteln den Kopf. Sonst würden sie es mir nicht erzählen. Ich spüre Sympathie in dem, was sie mir berichten.

Es ist jetzt 10 Jahre her, daß ich meine berufliche Bindung an den Jazz losgelassen habe, und Du hast immer noch Zorn auf mich! Es ist absurd! (Wohlgemerkt: die berufliche Bindung habe ich losgelassen; die persönliche kann ich schon deshalb nicht loslassen, weil die Beziehung zu so vielen Musikern, mit denen ich gearbeitet habe, so freundschaftlich und herzlich war, daß sie einfach nicht abreißt, – und vor allem: obwohl ich ja nun mein erstes Buch über Klassische Musik geschrieben habe, ich b r a u c h e Jazz – es ist wie Nahrung –, ich höre ihn fast täglich.

Ja, Michael, ich habe einen ganzen Beruf losgelassen, und Du kannst nicht mal den minimalen Teil dieses Berufes, der Deine Negativität mir gegenüber betrifft, loslassen. Ich erspare es mir, diesen Teil zu klassifizieren, er ist ja klassifiziert worden – oft genug – mündlich und schriftlich: Neid, Mißgunst, Egozentriertheit, Unfähigkeit, die Leistungen eines Kollegen, der als Konkurrent empfunden wurde, anzuerkennen, etc. – all dies offenbar wirklich ein Teil des Berufes, den wir einmal gemeinsam hatten.

Inzwischen habe ich einen anderen Beruf, den ich mir neu geschaffen habe (was nicht einfach ist, wenn man auf die 70 zugeht) und habe in diesem Beruf so viel – oder mehr – zu tun als in meiner besten Jazz-Zeit. Ich mache dabei eine Erfahrung, die ich in 40 Jahren Jazzarbeit nicht machen konnte: daß man einer Tätigkeit mit Leidenschaft und totalem Engagement nachgehen kann, ohne in ein Netzwerk aus Ressentiments und Mißgunst verstrickt zu werden, wie es der Jazz wie ein Spinnengewebe über seine Szene zu werfen scheint.

Vielleicht hätte ich's Dich schon vor 20 Jahren fragen sollen, damals hatte ich nicht genug Abstand. Jetzt habe ich ihn und also frage ich's jetzt: Was hast Du gegen mich?

Ich weiß natürlich, ich war Dir – und ein paar anderen – zu einflußreich, zu »mächtig«, zu präsent auf der Szene ... Aber ich hab ja nichts anderes getan wie Du: meine Arbeit getan mit dem Einsatz, der Leidenschaft, deren ich fähig bin. Alles andere folgte daraus, geschah dadurch.

Bitte, glaube mir, wenn ich sage: Ich meinerseits hatte nie Zorn auf Dich. Ich hatte keine Zeit für solche Gefühle – auch anderen Kollegen gegenüber nicht. Gerade Dich, Michael, mochte ich. Hielt Dich, wie man so sagt, für eine »gute, ehrliche Haut«, mochte es jahrelang nicht glauben, wenn mir berichtet wurde, wie schlecht Du über mich redetest. Zum ersten Mal geahnt habe ich's, als Du mich sechs Monate lang an einer Bird Memorial Reihe für den NDR arbeiten ließest und sie dann nicht haben wolltest und nicht mal auf den Gedanken kamst, daß dadurch, nach ARD-Usus, ein Arbeitshonorar fällig gewesen wäre. Du hattest nicht mal die Courage, es mir selbst zu sagen, sondern ließest es mir ausrichten. Dabei hatte ich selten in meinem Leben einen Auftrag so gründlich recherchiert und erarbeitet. Sogar der alten Mutter von Bird (die ich 1960 für meinen Fotoband »Jazzlife« als Erster wieder aufgespürt hatte) habe ich für diese Reihe Fragen gestellt – über einen Kollegen in K. C. –, und stell Dir vor: Sie hat sie beantwortet – auf Band für den NDR! Ich hatte diese Arbeit so ernst genommen, weil ich sie als meine persönliche hommage und meinen Dank an Bird empfand.

Wirklich begriffen habe ich Deine Einstellung mir gegenüber erst, als Du meine Einrichtung des SWF-Jazzpreises (oder war es der Baden-Württembergische?) voller Häme und Süffisanz in der »Zeit« kommentiertest. Wenn man bedenkt, wie oft uns diese Preise inzwischen nachgemacht wurden – bis in die Satzungen hinein – und wieviel Gutes – ja manchmal Entscheidendes – sie im Leben vieler Musiker bewirkt haben, war dies wirklich ein Kommentar, der nur durch Mißgunst und Neid erklärt werden kann. (Oder wie sonst? Verschiedene Briefschreiber meinten, Du habest es deshalb getan, weil Du selber einen Preis initiieren wolltest.)

Ja, so seltsam es klingen mag, ich mochte Dich wirklich. Du gehörtest zu den deutschen Musikern, deren Platten ich in den USA an Kritiker und Disc Jockeys gab und wenn du damals dort (und übrigens auch in Japan) ein nennenswertes »airplay« bekamst (und das bekamst Du), verdankst Du es mir. (Du weißt wohl, ich hatte es 35 Jahre lang für meine Aufgabe gehalten, mich, wo immer ich hinreiste – und ich reise ja viel –, für deutsche Musiker einzusetzen.) Dabei hörte ich natürlich, daß Du nur (wie Du selbst einmal gesagt hast) ein mittelmäßiger Pianist bist, aber ich hörte auch, daß Du jazzfeel besäßest, und das hatten zunächst nicht so sehr viele deutsche Musiker.

Vielleicht mochte ich auch deshalb so lange nicht glauben, daß Du gegen mich intrigiertest, weil ich keinen Grund dafür sehen konnte. Bei anderen ist ja dieser Grund offensichtlich, fast könnte man sagen: zwangsläufig, »logisch« – bei Eicher, bei George Gruntz etc. – Eicher z. B. kommt ja aus dem SWF-Sendegebiet, hörte hier all die unbegleiteten Duo-, Solo- und kammermusikalischen Aufnahmen (damals sehr ungewöhnlich auf der Jazz-Szene), die ich seit den 50er Jahren so gern produzierte, später, in den 60ern, z. T. sogar mit den gleichen Musikern wie später er, Aufnahmen, wie sie dann zum Markenzeichen ECM wurden ... Aber bei Dir? Wir hatten ja keine Berührungspunkte ...

Hinzu kommt: Ich mag viel von dem, was du in »Zeit« und »Spiegel« schreibst. Vor allem: Ich mag Deinen Stil. Vor Noglik warst Du der einzige, der in deutscher Sprache so über Jazz schrieb, daß man es mit Vergnügen lesen konnte – ohne die unsäglichen Platitüden der durchschnittlichen Jazzsprache. Du hättest ein viel erfolgreicheres Jazzbuch schreiben können als all meine vielen Bücher zusammengenommen, wenn Du Dich nur mal ein halbes Jahr hingesetzt und geschrieben hättest (wie ich's ja fast täglich tat – oder richtiger: nächtlich, denn tagsüber war ich im SWF).

Ich schreibe Dir diesen Brief, weil ich immer noch eine Verbundenheit spüre. Ich habe nie einen ähnlichen geschrieben (aber doch ähnliche erhalten, am eindringlichsten von dem guten alten Schulz-Köhn; ich schäm mich noch heute, daß ich darüber gelacht und ihm nicht geantwortet habe. Der alte Herr war ja in seinen letzten Lebensjahren ganz schön weise geworden – natürlich nicht in Bezug auf Jazz (wie sollte er!) –, aber in Bezug auf Dinge, für die das Wort »weise« vor allem Sinn macht.

Ich kann schon verstehen, daß ich einigen von Euch zu viel Macht, Einfluß, Aktivität etc. hatte. Schulz-Köhn empfand das nicht anders als Du. Aber wo es wirklich um Macht ging, hab ich sie abgelehnt – z. B. die diversen Initiativen, mich zum

Präsidenten der Deutschen Jazzföderation zu machen – und später der Internationalen (selbst dann, wenn der Wunsch danach so nachdrücklich bekundet wurde wie durch die Sprechchöre »Berendt for President« in Warschau und Zagreb). Die Art »Macht«, die ich hatte, kann man nicht beanspruchen; sie wird einem konzidiert, und konzidiert wurde sie ja wohl, weil da ein paar Menschen waren, die das, was ich sagte oder schrieb, nicht für so ganz dumm hielten ... und die das auch heute noch meinen, wie durch die diversen Artikel und Beiträge in Presse und Funk zu meinem Siebzigsten deutlich wurde. Ich hatte wahrhaftig nicht mit einem so warmen, so herzlichen Echo gerechnet.

Und wenn ich auch heute distanziert von der Szene bin, so distanziert kann einer gar nicht sein, daß es ihn nicht freut, wenn er da zu lesen bekommt, seit seinem Ausscheiden klaffe »eine Lücke«, die »schmerzlich« sei und die »niemand seither habe füllen« können.

Macht hat mir immer widersprochen, schon wegen meiner politischen Einstellung. Auch in meiner heutigen Tätigkeit habe ich gerade (auf dem Kongreß »Communication in the Next Century« in Toronto, auf dem ich auf Einladung von Philips und der Glenn Gould Foundation sprach) eine Initiative, die mir sehr viel internationale »Macht« gegeben hätte, abgelehnt. In Wirklichkeit geht es auch gar nicht um Macht, sondern um eine Qualität, die der von Dir so verehrte Bill Evans, als er mich ein paar Monate vor seinem Tode in meinem Haus in Varnhalt besuchte (obwohl ich keinen Gig für ihn hatte!) in die Worte gefaßt hat: »Whatever you give, when it comes from your heart, comes back to you!« Das mag nicht die Erfahrung jedes Menschen sein, Deine wohl nicht, aber Bill muß es erfahren haben, sonst hätte er es nicht gesagt. Ich habe es auch so erfahren – und erfahre es weiterhin. Einfach weil da zu viele Menschen sind, die durch diese 40jährige Arbeit »berührt, beeinflußt, bewegt und oft genug geprägt« wurden (Zitat aus einem der o. a. Artikel).

Dennoch, Michael, kann es ja sein, daß ich Dich irgendwann einmal »im Eifer des Gefechtes« (und diesen Eifer hatte ich ja) verletzt habe. Wenn das so ist, möchte ich Dich hiermit um Vergebung bitten. Und ich meine das sehr ernst. Andererseits möchte ich Dir das vergeben, was Du gegen mich sagtest und tatest (und, wie ich höre, weiter sagst). Du magst darüber lächeln, aber es gehört nun einmal zu meinem Bewußtsein, daß es nötig ist, so etwas auszusprechen.

Zum Schluß möchte ich noch sagen: Man kann zwar seinen Beruf aufgeben, aber man kann nicht 40 Jahre seines Lebens durchstreichen (obwohl, wie ein Berliner Kritiker vermutet, Du dies, was mich betrifft, wohl gern tätest). Es geschieht deshalb immer wieder, zur Zeit oft, daß ich zu Jazz-Dingen befragt werde. Es mag sein, daß dich Spuren davon erreichen. Es täte mir leid, wenn sie Dich – in Deiner Animosität mir gegenüber – ergrimmen würden. Ändern kann ich es leider nicht. Sonst täte ich es. Vielleicht hilft dieser Brief, es zu ändern. Ich wünsche mir das – wünsche es uns.

Von Briefen wie diesen gilt, daß es wichtiger sein kann, daß sie geschrieben als daß sie beantwortet werden. Michael, Du brauchst mir nicht antworten. Fühle Dich nicht dazu verpflichtet. Antworte nur, wenn Du etwas Sinnvolles, Hilfreiches, Klärendes sagen magst.

Sei gegrüßt in alter – trotz allem, ja wegen a l l e m – Verbundenheit. Nur aus ihr heraus schreibe ich einen so seltsamen Brief.

Joachim-Ernst Berendt

Friedrich Gulda

Lieber Michael Naura,

nach langer Zeit wieder einmal von Dir gehört und zwar etwas sehr Erfreuliches: Ein Hamburger Freund hat durch Zufall die Sendung, die Du nach meinem »Ableben« gemacht hast – die mit den Füchsen bei Dir im Gr. Sendesaal des NDR im Jahr 1974 (Lang, lang ist's her …) – vom Radio mitgeschnitten und mir die Kassette überreicht: Ich habe sie mit großer Begeisterung gehört (ich hatte das längst nicht *so* gut in Erinnerung) und danke Dir für die Ausstrahlung! Das nenne ich einen sinnvollen »Nachruf«! (Nicht so wie hierzulande im Idiotenland …). Also nochmals vielen Dank!

Hiermit den durch Zufall entstandenen neuen Kontakt mit Dir benutzend, übersende ich Dir einige meiner neuesten Produkte (»Spätwerke«) zur Kenntnisnahme u. evtl. Ausstrahlung (3 Einzel-, 1 Doppel-CD) – Infos beiliegend.

Besonders ans Herz legen möchte ich Dir die Videocassette »Midnite Party«, welche ich für besonders wichtig halte (mein eigener »Nachruf«) – ich könnte sie Dir zur TV-Ausstrahlung (75 min.) auf Beta-SP (also technisch einwandfreies Rundfunk-Exemplar) zur Verfügung stellen.

Ich habe Dir auf Deinem Anrufbeantworter eine Nachricht mit Bitte um Rückruf hinterlassen. Es wäre schön, wenn wir bezügl. alles dessen ein persönliches Gespräch führen könnten!

Mit freundlichen Grüßen
wie immer
Friedrich Gulda

ohne Datum

112   P.S. Schade, daß Deine ansonsten hervorragende Ansage auf der Sendung bezüglich der gespielten Instrumente fehlerhaft war: F. Gulda tritt hier als »Pianist« überhaupt nicht in Erscheinung, sondern nur auf Hohner-E.-Piano, Blockfl. u. Clavicord!

Carla Bley

June 26, 1998

Dear Michael –
Good to hear your voice! We were just talking about you (Fancy Chamber Music is coming out in Europe this week – with your commission on it).
Here are a few things you might not have. (Wow! A 10 hour program of me?) And a catalog in case you want anything else. Say hi to Christina. Stay well.

Carla

June 26, 1998

Dear Michael —

Good to hear your voice! We were just talking about you (Fancy Chamber Music is coming out in Europe this week — with your commission on it).

Here are a few things you might not have. (Wow! A 10 hour program of me?) And a catalog in case you want anything else.

Say hi to Christina. Stay well.

Carlo

Widmungen

Meine Räusche

Der Tänzerin Georgetta und einer
unbekannten polnischen Studentin gewidmet

Es war im Nachkriegs-Berlin im Monat Mai. Ich probe mit meinem Jazz-Quintett in der Wohnung von Mamachen. Schönhauser Allee 90, 3. Stock. Bröckelnder Altbau. Wir swingen, dass es nur so kracht. Plötzlich klingelt es. Vor mir steht der greise jüdische Arzt, der unter uns seine Praxis betreibt. Seine Hängebacken zittern vor Erregung: »Leiser, leiser, ich bitte Sie. Kann meine Patienten nicht abhören!« Wird jemacht, Herr Medizinalrat. Nach einer Weile klingelt es wieder. Auf dem Treppenflur steht jetzt ein junger Verkehrspolizist. Ich komplimentiere ihn hinein. »Bitte nehmen Sie Platz im sozialistischen Experimental-Studio.« Er trägt verklemmt die Beschwerde des Medizin-Mannes vor. Ich sage: »Aber hören Sie selbst, Genosse!« Dann spielen wir »Lullabye Of Birdland«. Es gefällt ihm. Ich öffne einen Roten aus Bulgarien. Süßliches Elixier aus dem HO-Laden. Ein »Büchsen-Öffner«. Ich bringe einen Toast aus. »Es lebe die Oktoberrevolution!« Die Band spielt ohne mich weiter. Nach dem vierten Glas Bulgarski beginnt unser Soldat aufzutauen. Mein Gott, er lächelt. Erste Wortverformungen. Die DDR ist für ihn die »Deutsche Demokratische Replik«. Wir lachen beide. Replik? Wovon? Ich bin so gut drauf, dass ich ihm einen meiner Träume erzähle. »Bin Soldat einer Verlierer-Armee. Soll erschossen werden. Das Hinrichtungskommando legt an. Ich hebe die Faust und schreie: Es lebe …! Ein Alptraum, ich weiß nicht, wer oder was leben soll.« Aber der Genosse weiß es. »Nu, Herr Naura, ist doch klar, Genosse Ulbricht soll leben!«

Prost! Die roten Reben des Balkan wüten. Es beginnt zu dunkeln, als ich das Auge des Gesetzes zur Tür geleite. Leicht schwankend steigt es die Treppe hinunter.

Einige Monate später bin ich mit meinen Jungs auf dem Weg zu einem Konzert. Wir sitzen in der U-Bahn und quatschen. Plötzlich diese Marien-Erscheinung! Auf einer Station steigen drei weibliche Wesen dazu. Eher klein, sehr schlank. Haare streng, Füße leicht abgewinkelt. Kein Zweifel: Tänzerinnen! Was Harry Rowohlt in »Pooh's Corner« über die Schotten geschrieben hat, gilt für eine von ihnen: »GOD MADE THIS CREATURE JUST A WEE BET BETTER.« Ernstes Gesicht. Schwarzer Mantel. Darunter muss ein sehniger, leicht nach Karamellbonbons duftender Körper sein. Ich stehe wie unter Hypnose. Fliegt die U-Bahn plötzlich oder nicht? Ich merke, wie ich mich erhebe und auf das Trio zugehe. Als ich wieder zu mir komme, sind die Grazien verschwunden. Aber ich habe einen Zettel in der Hand. Auf dem steht: 487273. Einige Wochen später. Mamachen ist verreist. Ich habe alles sorgfältig vorbereitet. Der bulgarische Widerstands-Killer steht bereit. Kirschlikör funkelt in der Karaffe. Schallplatten der psychologischen Führung warten auf den Einsatz: Jackie Gleason, George Shearing, Peggy Lee, Ray Charles, Percy Faith, Billie Holiday. Dann kommen die drei Ballerinen von der Komischen Oper in einer Wolke aus Parfüm. Sie haben sich aufgedonnert. Sehen aus wie spanische Hürchen. Na, das lässt ja hoffen. Aber bald wissen wir: Ihre Hingabebereitschaft ist unserer Brunst diametral entgegengesetzt. Sie rühren den Bulgarski nicht an. Geschweige denn uns. Wir bleiben auf unserer Lust sitzen. Großes Frust-Trinken. Riesen-Kater! Viele Jahre später. Ein Schulfreund meldet sich am Telefon: »Sachma, du warst doch mal hinter einer Georgetta her. Die kannste jetzt in einer Bar in Charlottenburg begutachten.«

Ich sah sie sofort, als ich die Bar betrat. Sie saß am Tresen und würfelte mit einem Macker. Das war also meine Georgetta, die uneinnehmbare Tänzerin. Sie war sehr fett geworden, und sie erkannte mich nicht. Sie hatte gewaltige Brüste und lachte andauernd. Ich trank einen Gin-Tonic und schlich mich davon. Zu Hause nahm ich ein Alkohol-Vollbad. Selten so besoffen gewesen. Einst, noch zu Zeiten des »Sozallismus«, war ich Gast eines polnischen Jazz-Journalisten. Mit seiner Wirtschafterin bewohnte er eine kleine Wohnung in Warschau. Mir zu Ehren hatten sie Bigos gekocht, das polnische Nationalgericht. Das ist ein sehr fettes Fleisch-Sauerkraut-Essen, das man so lange kocht, bis es fast schwarz ist. Bigos braucht eine Überlebenshilfe. Man säuft dazu stundenlang den köstlichen Wodka Wybrowka. Natürlich eiskalt. So geschah es. Nach einigen Stunden wusste ich nicht, in welchem Teil Europas ich mich aufhielt. Erst als ich mich in einer Hotel-Bar mit Musik wiederfand, entdeckte ich: Aha, Polen! Die Musik war dünn, aber die jungen Damen, meist Studentinnen, kamen mir im blauen Feuer des Sprits wie Göttinnen vor. Nach einigen Tänzchen saß ich mit einer dieser Beauties in einem Taxi auf dem Weg zu einer Unterkunft. Das waren Häuschen an einem See. Mal küssten wir uns, mal dösten wir. Im Morgengrauen erreichten wir unser Ziel. Wir wurden von dicken Beschließerinnen empfangen. Reinster Tschechow. »Ihr Täubchen, wo kommt ihr denn her? Seht ganz zerrupft aus. Legt euch hin.« Vorher gab's noch kalte Buttermilch. Dann fielen wir in einen tiefen Schlaf.

Die Komponistin

Carla Bley gewidmet

Lang, ach, sehr lang ist's her, da existierte in einem abgelegenen Tal der Rocky Mountains eine Anstalt für Geisteskranke. Dort lebte in der geschlossenen Abteilung eine Komponistin. Man hatte sie dort eingewiesen, weil sie sich für Franziska von Assisi hielt. Das war vor vielen Jahren gewesen. Jetzt war die Komponistin eine alte weißhaarige Frau, die durch ihre Schweigsamkeit, aber auch durch ihre Magerkeit befremdete. Sie weigerte sich, an den Mahlzeiten teilzunehmen, und musste intravenös ernährt werden. Ansonsten war die Komponistin eine der unauffälligsten Patientinnen der Anstalt. Sie führte ein Leben, wie es Tschechow geschildert haben könnte. »Die Wände sind hier mit einer schmutzig blauen Farbe gestrichen, die Decke ist verräuchert wie in einer Hütte ohne Rauchfang – es ist klar, dass der Ofen im Winter raucht und dass es hier häufig nach Kohlengas riecht. Die Fenster sind von innen durch eiserne Gitter verunstaltet. Der Fußboden ist grau und nicht glatt gehobelt. Es riecht nach Sauerkraut, blakenden Lampendochten, Wanzen und Ammoniak, und dieser Gestank macht im ersten Augenblick den Eindruck, als würde man eine Menagerie betreten.

Im Zimmer stehen Betten, die am Fußboden festgeschraubt sind. Darauf sitzen und liegen Menschen in blauen Krankenkitteln und – nach alter Sitte – mit Nachtmützen. Das sind die Geisteskranken.«

So also verbrachte die Komponistin ihre Tage. In ihren Nächten lag sie oft schlaflos in dem ungelüfteten Saal der Irren und starrte an die Decke. Aber dann gab es jene Zustände, die ihr behandelnder Arzt zynisch »unharmonisches Potpourri aus alten, noch nicht zu Ende gesungenen Liedern« nannte. Die Komponistin begann gelegentlich zu schreien. Man hörte Sätze wie: »Seht nur, eine Woge von schäumendem Blut kommt mir entgegen!« Die Krankenwärter packten sie, warfen sie auf eine Pritsche und fesselten sie. Dann verabreichte man ihr Elektroschocks. Danach kehrte wieder diese modrige Stille ein, die man in allen Psychiatrien findet.

Es muss gesagt werden, dass die Ärzte entschieden hatten, es sei gut für die Komponistin, ihr eine Arbeitstherapie angedeihen zu lassen. Und so begann sie jeden Nachmittag auf dem Hühnerhof der Anstalt zu arbeiten. Sie fütterte das Federvieh mit Weizen und Mais, sammelte die Eier ab und kümmerte sich um die brütenden Glucken. Dann geschah etwas Seltsames. Sie brach ihr dunkles Schweigen, und was die heilige Franziska den Hühnern sagte, war dies:

»Viel verdankt ihr Gott, meine Geschwister Hühner, und müsst ihn deshalb allezeit und allerorten loben. Ihr habt die Freiheit zu fliegen; ihr habt Kleidung, doppelt und dreifach; habt einen bunten, zierlichen Habit; habt Speise, ohne sonderliche Mühe erworben; habt einen Gesang, vom Schöpfer eingegeben, und seid eine große Schar, durch Gottessegen vermehrt. Schon in der Arche hat er euer Geschlecht bewahrt. Das Element der Luft ward euch zugewiesen. Ihr säet nicht, ihr erntet nicht, und Gott ernähret euch. Er gab euch Bach und Quelle zum Trunke, Berge und Hügel, Felsen und Klüfte zu eurer Zuflucht, ragende Bäume zum Nisten, und wenn ihr auch gleich nicht zu Nähen und zu Weben versteht, gibt er doch euch und euren Kindern die nötige Kleidung. Also liebt euch der Schöpfer gar sehr, da er euch so viel Gutes erwiesen hat. Darum sollt ihr auch darauf achten, meine Geschwister Hühner, dass ihr nicht undankbar seid, sondern beeifert euch, allezeit, Gott zu loben!«

Auf diese Worte der heiligen Franziska begannen die Hühner samt und sonders ihre Schnäbel zu öffnen, die Flügel zu spannen, die Hälse zu recken, neigten ehrerbietig ihre Köpfe bis zur Erde und bekundeten mit Sang und Gebärde, dass ihnen die Worte der Heiligen groß Ergötzen bereiteten. Wie sie das schaute, empfand sie eine wundersame Freude im Geiste, und da sie voll Staunen ihre große Menge, ihre herrliche Mannigfaltigkeit, ihre Zuneigung und einträchtige Vertraulichkeit sah, pries sie in ihnen den wunderbaren Schöpfer und lud sie mit liebreichem Zuspruch zu dessen Lobe.

Als sie endlich ihre fromme Ermahnung beschlossen, machte sie über alle Hühner das Zeichen des Kreuzes und entließ sie mit dem Lobspruch zu Gottes Ehre.

Und dann sah man das Erstaunliche. Die Komponistin zog ein Stück Papier hervor und begann Noten zu schreiben. Und ihr Gesicht leuchtete, und ihre Ärzte wussten, jetzt hat sie wieder einen ihrer kreativen Schübe. Die Komponistin glaubte nämlich, unter den Hühnern seien etliche verzauberte Komponisten versammelt. Ein besonders dickes Exemplar der Rasse Plymouth Rocks hielt sie für Georg Friedrich Händel. Und als später das ärztliche Kollegium die Aufzeichnungen der Komponistin studierte, sagte Professor Eisenreich aufgeregt: »Meine Herren, das ist Händels Suite für Cembalo Nr. 4 in d-Moll.«

Verehrte Studiozehnlinge!

»Aber in der Nähe des Narrenpapstes
ertönten in einer großartigen
Katzenmusik die ganzen musikalischen
Reichtümer des Zeitalters ...!«
VICTOR HUGO

Jobst Plog gewidmet

Verehrte Studiozehnlinge!

Ich war der Glöckner von Notre NDR. Ich läutete die Glocken für den Jazz von April 1971 bis zum heutigen Abend in 260 Konzerten. Von Jazz und Lyrik, den Mitschnitten, Direktübertragungen und Festivals mal abgesehen. Salve, gütiger Arbeitgeber! Immer getrieben von Furcht vor scheußlicher Einäugigkeit und immer auf der Suche nach Antwort auf die Frage »Was ist Jazz?« Es gab wunderbare Konzerte. Darunter auch jene mit den heute konzertierenden Freunden. Wir erlebten aber auch solche, die mich an ein Foto von einer Wüsten-Piste erinnerten. Rechts im Bild sieht man ein Schild. Auf dem steht: »Absolutely Nothing. Next 22 Miles«. An jenen Abenden rannte ich wie ein Tier im Käfig der Regie auf und ab, auf und ab. Themenwechsel! Der amerikanische Schriftsteller Stephen King war mir gleichgültig. Aber dann las ich in der Süddeutschen Zeitung: »Stephen King ist ein Geschichtenerzähler, ein intelligenter, gewitzter, hoch spezialisierter Handwerker – der Handwerker des Schreckens.« Das hört sich gut an, dachte ich, beendete meine Ignoranz und las seine Erzählung »Der Hochzeitsempfang« aus seinem Gruselbuch »Der Gesang der Toten«. Dort steht der Satz:

»Zu jener Zeit war Jazz noch Jazz, kein Lärm.« Ist das nun reaktionär, prophetisch, satirisch oder bloß doof? Ich fürchte, der Horror-Autor ist eher ein Seher. Leicht kurzsichtig. Aber immerhin! Er hat die Metamorphosen des Jazz benannt. Seine Fäulnisprozesse. Seine Selbstkompostierung, um nicht zu sagen seine Selbstverbrennung. Und aus dem Dünger steiget das schrecklich Neue. Wunderbar! Immer weniger wirkt der Jazz wie eine bekömmliche Milchschnitte für den kleinen Pausenhunger der Gebildeten. Manchmal erinnert er an eine vegetative Dystonie, sagen Angsthasen. Günter Grass, ehemaliger Waschbrettspieler in einer Dixie-Kapelle in Frankfurt, zu mir: »Mensch, Naura, warum spielen Sie nicht mehr Armstrong im Radio?« – »Meister«, so antwortete ich, »ich küsse Armstrong sämtliche Füße, aber dadurch wird der Jazz auch nicht staatstragender. Und bessere Sendeplätze kriegen wir auch nicht.«

Kürzlich nervte mich jemand, ich solle ihm den Jazz erklären. Ich sagte ihm: »Es gibt Leute, die haben ein Gesicht, in das muss man reinschlagen, damit überhaupt ein Ausdruck sichtbar wird.« Vielleicht ist ja das Geheimnis des Jazz seine Ausdrucks-Galaxis, seine unendliche Ambivalenz. Irgendwo zwischen Auto-Crash und Erotik, vielleicht sogar Liebe. In »Nona« schreibt Stephen King: »Er fuhr direkt in uns hinein. Es gab einen heftigen Stoß, und wir prallten wieder gegen die Pfeiler. Ich wurde in Nonas Schoß geschleudert, und trotz meiner Verwirrung genoss ich in diesem Bruchteil einer Sekunde die geschmeidige Festigkeit ihrer Schenkel.« Womit wir wieder bei Victor Hugo wären. Womöglich waren es die Beine von Esmeralda, der Angebeteten des Glöckners.

Farewell, Folks!
Euer M. »Quasimodo« N.

Nachwort von meinem »Aus-der-Seele-Chefsprecher«
Peter Rühmkorf im Monat der Graphit-Bomben auf Belgrad:

Gallsüßer Spaß – Maiengalle:
Heißa, was zweideutig schmeckt –
Bis der Chinchilla-Himmel alle
Viere weit von sich streckt.

Der Turmbau zu Jatzistikan

Für Peter Rühmkorf

Es war einmal ein Land, das hieß Jatzistikan. Dort lebte ein gottloses Volk. Es war so verkommen, dass sich eine Gegenbewegung bildete, die sich die »Gottsucher« nannten. Sie hatten es satt, Gott nur aus Schriften und Predigten zu kennen. Sie wollten ihm leibhaftig gegenüberstehen, ihn anfassen, sich ihm zu Füßen werfen, um ihn schließlich zu lobpreisen mit dem erhabenen »Ehre sei Gott in der Höhe«. Sie sagten: »Wenn es stimmt, dass Gott hoch da droben wohnt, dann müssen wir uns in die Lüfte erheben, auch wenn es Jahrtausende dauern sollte.« Sie riefen: »Lasst uns einen Turm bauen, wie ihn die Himmel noch nie gesehen haben!« Einige bekamen es mit der Angst zu tun und begannen Warnungen auszustoßen: »Freunde, ihr seid wahnsinnig! Eure Vermessenheit wird zu Fall kommen. Steht es denn nicht schon im Koran geschrieben, was ihr Frevler zu erwarten habt? ›Du aber erwarte den Tag, an dem der Himmel einen sichtbaren Rauch hervorbringt, der die Menschen einhüllen wird. Das wird eine schmerzliche Qual sein.‹« Doch die Warner wurden niedergeschrien. Man ergriff, kreuzigte und verbrannte sie. Ihre Asche warf man in die Koben, aus denen ihre Schweine-Herden fressen. Alsdann begannen die Gottsucher, einen ungeheuer großen Jahrmarkt zu errichten, um das Volk bei Laune zu halten. Drogen, Unzucht und eine liederliche Musik betäubten die Massen. Inmitten dieser Exzesse, die Tag und Nacht stattfanden, begann man mit dem Turmbau. Jahr für Jahr schraubten sich die Frevler in die Höhe. Längst hatte der Turm die Atmosphäre verlassen. Längst waren die Männer der ersten Stunde gestorben. Ihre Söhne schufteten in Raumfahrer-Anzügen weiter. Es gab viele Tote. Auch einige Revolten unter den Bautrupps erschütterten das Unternehmen. Ein Attentat mit einer Atlas-Rakete wurde im letzten Augenblick verhindert. Wer die Arbeit verweigerte, wurde erwürgt, in eine Kapsel gebettet und ins Weltall geschossen.

Längst war vergessen, warum man die Erde verlassen hatte. Mord und Totschlag herrschten auf dem Turm. Die Gottsucher bauten sich unaufhaltsam wie Roboter ihrer ewigen Verderbnis entgegen. Da geschah es, dass ein riesiges Raumschiff aus dem Schwarz des Universums auftauchte und an dem Turm der Wahnsinnigen andockte. Die Turm-Arbeiter erschraken, schrien und schissen vor Angst. Mit dem kläglichen Rest ihrer Hirne begannen sie zu ahnen, dass sie am Ende ihrer Reise zu Gott angelangt waren. Dann öffneten sich die Schleusen des fremden Raumschiffs. Was sich dann aus dem gigantischen Flug-Apparat wälzte, war so ein entsetzlicher Anblick, dass viele sich schreiend vom Turm stürzten. Sie mussten nicht mehr mit ansehen, wie armlange, weiße, fettig glänzende Heerscharen von Maden in den Turm krochen. Was noch lebte, wurde von ihnen ausgesogen. Als die Maden des Alls ihr schmatzendes Werk verrichtet hatten, fielen sie in einen tiefen Schlaf. Und vor dem furchtbaren Schwarz des Firmaments leuchteten flackernd die Gestirne und ließen sie wie die Lämmer des Leibhaftigen aussehen.

Der unzufriedene Pianist

Simon Nabatov gewidmet

Im Jahre 3085 lebte ein Pianist, der von einer Frage gefoltert wurde: Wie kann ich meine Technik verbessern? Der unzufriedene Musiker zählte zu den besten Pianisten der Erde und übertraf selbst Glenn Goulds legendäre Einspielung der Bach'schen Goldberg-Variationen. Es nutzte alles nichts. Mit der Zeit begann der Pianist seine Hände zu hassen. In seiner Not begab er sich zu einer Koryphäe der Roboter-Medizin. Er schilderte Prof. Dr. Leibhaft vom Metro Health Center in Cleveland/Ohio, wo bereits 1981 die Kopftransplantation bei einem Rhesusaffen vorgenommen worden war, seine unstillbare Begierde nach Vollkommenheit und lauerte totenbleich auf das, was der berühmte Techno-Mediziner sagen würde: »Tja«, begann dieser, »es gibt nur eine Möglichkeit. Sie müssen sich von Ihren Händen trennen und mit computergesteuerten Edelstahl-Roboterhänden an Ihrer Vollkommenheit arbeiten.« Der Musiker blickte stumm auf seine schmalen, ja knochigen Hände, aus denen jedes Blut gewichen zu sein schien. Dann sagte er mit fast tonloser Stimme: »Herr Professor, ich bin bereit.« Für die Anfertigung der beiden Hightech-Hände benötigte der Professor sechs Monate. Dann war es so weit. In einer mehrstündigen Operation wurden dem Pianisten beide Hände amputiert und die Armstümpfe nach einer äußerst komplizierten Methode an die matt schimmernden Metallhände angeschlossen. Als unser Patient aus der Narkose erwachte, fragte er den Professor mit schwacher Stimme: »Wird es jetzt gehen?« Der Wissenschaftler sagte: »Wir haben das Menschenmögliche getan. Ihre neuen Hände werden über Funk von dem Computer RX 900 SLB gesteuert. Wir haben ihn bereits mit den Goldberg-Variationen programmiert. Nach Ihrer Rekonvaleszenz können Sie sofort an den Flügel.« Und so geschah es. Der Pianist erholte sich rasch, und dann kam der ersehnte Moment, in dem seine neuen Hände zeigen mussten, was in ihnen steckte. Sie waren zwei Wunderwerke des menschlichen Geistes. Zwei unglaublich komplizierte Aggregate aus Mikrohydraulik, Biosensoren, Elektroden, Halbleitern und einem von der NASA entliehenen Rechner. Und damit die Stahlfinger auf den Tasten des Flügels keine Störgeräusche erzeugen, hatten sie Fingerkuppen aus dem Kunststoff Polyurethan, der in der Spielzeug-Industrie Verwendung findet.

Der Pianist stellte den Computer an, und dann spielte er die berühmte Aria mit dreißig Variationen von Johann Sebastian Bach für zweimanualiges Cembalo. Nie hatte die Welt etwas so Ungeheuerliches gehört wie die Auftragsarbeit des an Schlaflosigkeit leidenden Grafen Carl Hermann von Kayserling, welcher hoffte, durch Bachs Musik in süßen Schlummer zu versinken. Der Pianist mit den Stahlhänden spielte, als ginge es um sein Leben, ja, als ginge es nicht mit rechten Dingen zu. Und das war auch der Fall. Es stellte sich heraus, dass die Pedalarbeit der Pianisten-Füße aus Fleisch und Blut dem Toben der Metallhände nicht gewachsen war. Sie hinkten hinterher, verwischten und verdarben die Musik des großen Kantors.

Wer A sagt, muss auch B sagen. Es kam der Tag, an dem der Pianist mit der Technik-Neurose sich von seinen Füßen trennen musste. Schöne Füße waren das, ja, fast Frauen-Füßchen, zart, schmal, bleich und blau geädert. Aber es war der Wille des Pianisten, sie zu opfern. Der Chirurg trennte sie ab und warf sie in einen Plastikeimer. Dann befestigte er zwei digitale Stahlfüße an den Beinen des Pianisten. Auch sie gehorchten dem Computer, der die Hände führte. Jetzt endlich war der Pianist zufrieden. Sein Konzert in der Carnegie-Hall war seit Wochen ausverkauft. Er nahm feierlich am Flügel Platz und begann mit der ersten Goldberg-Variation. Aber, um Gottes willen, was war das? Er spielte alles viel zu schnell. Unruhe im Publikum. Einige lachten. Türen schlugen. Einige riefen: »Schneller, schneller, noch schneller.«

    Der Pianist landete auf Jahrmärkten und Bauernfesten. Bei einer dieser dumpfen Vergnügungen fiel er leblos vom Hocker. Bevor ein Arzt gerufen werden konnte, hatte ein Techno-Freak Hände und Füße abmontiert. Er war dann in der Dunkelheit verschwunden.

Fisch + Fert.

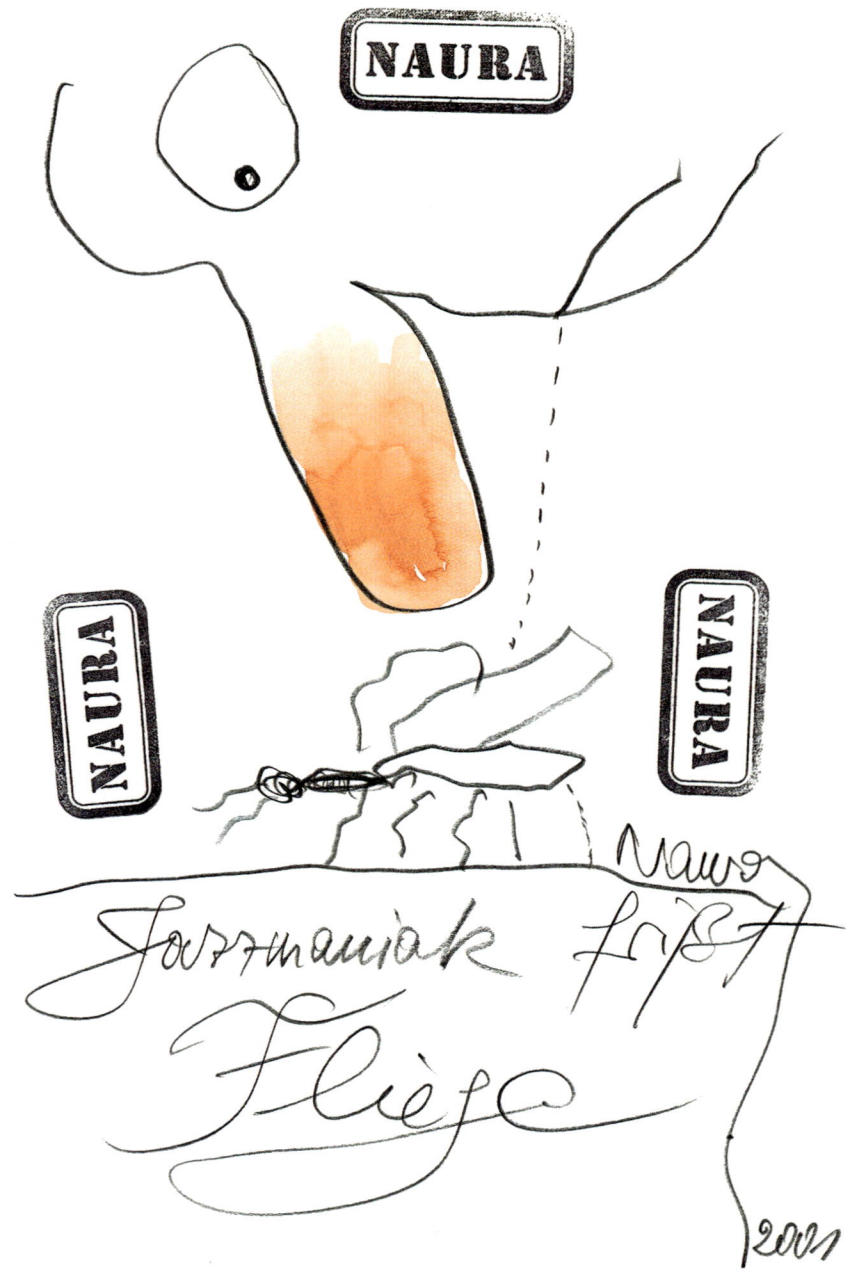

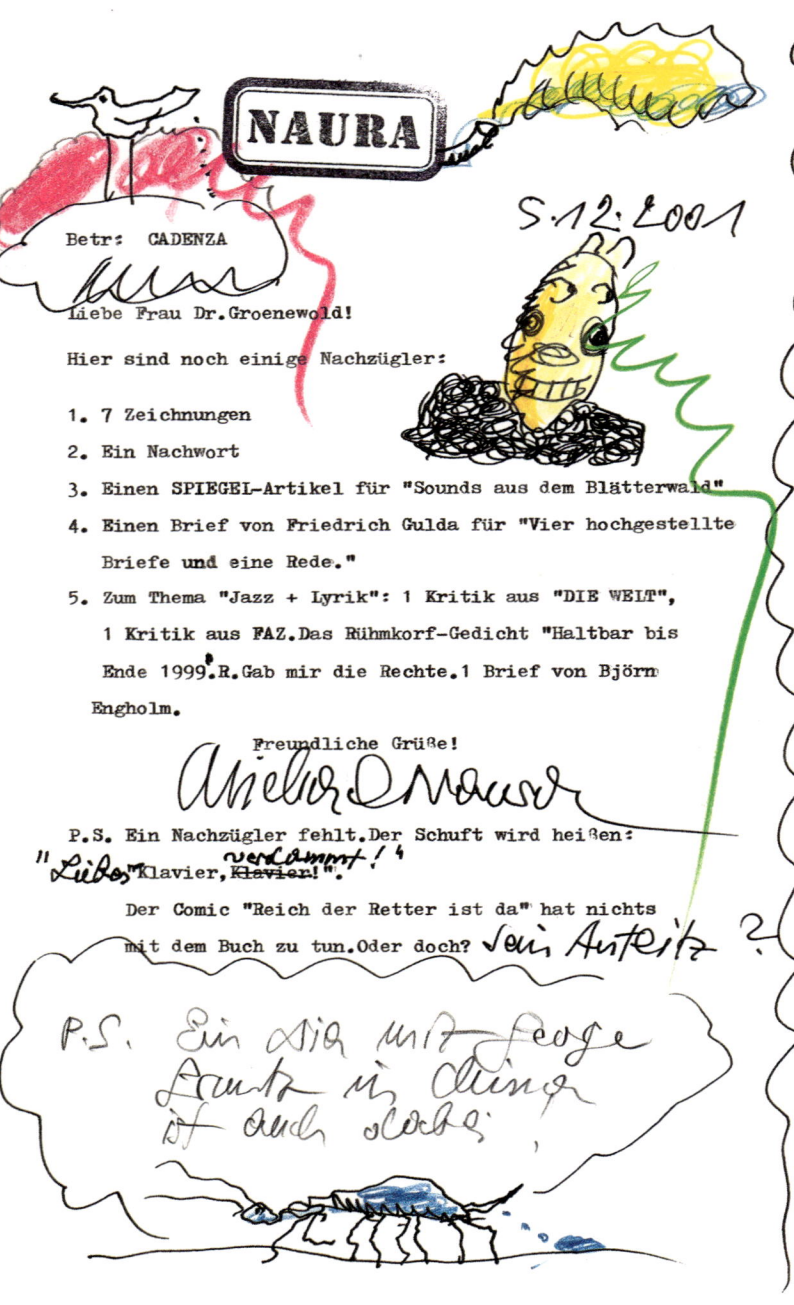

NAURA

5.12.2001

Betr: CADENZA

Liebe Frau Dr.Groenewold!

Hier sind noch einige Nachzügler:

1. 7 Zeichnungen
2. Ein Nachwort
3. Einen SPIEGEL-Artikel für "Sounds aus dem Blätterwald"
4. Einen Brief von Friedrich Gulda für "Vier hochgestellte Briefe und eine Rede."
5. Zum Thema "Jazz + Lyrik": 1 Kritik aus "DIE WELT", 1 Kritik aus FAZ.Das Rühmkorf-Gedicht "Haltbar bis Ende 1999.R.Gab mir die Rechte.1 Brief von Björn Engholm.

Freundliche Grüße!

P.S. Ein Nachzügler fehlt.Der Schuft wird heißen: "~~Liebes~~ verdammt! Klavier, ~~Klavier!~~".

Der Comic "Reich der Retter ist da" hat nichts mit dem Buch zu tun.Oder doch? Sein Anteil?

P.S. Ein Dia mit George Krantz in China ist auch dabei.

Bauchspeicheldrüsen-Blues

Letzten Juni in Tübingen gewesen. Es rühmkorfelte gewaltig in dieser von Linguis Poetik durchtränkten Gelehrten-Stadt. Selbst Schlachtereien warben für seine Auftritte. Abends Konzert unseres Jazz+Lyrik-Trios in einem entzückenden Park. Vor uns lagern sich im Abendlicht die Gebildeten. Zauselige Professoren, sommerlich entblößte Studenten. Was für ein Auditorium! Leider ist das E-Piano Scheiße, und der Sound der Mikro-Anlage nervt. Weißwein bügelt aus. Lingui, der große Poesie-Petrus, hat das Publikum sofort im Netz. Da zappeln sie nun, lachen, glucksen, wälzen sich vergnügt im Gras. So eine erlesene Menge ist eine Droge. Danach angeheitert zum Bahnhof. Teile ein Abteil mit Schlüter. Wein wirkt. Nikotin ruft. Beim Halt in Darmstadt ich raus in Richtung Zigaretten-Automat. Jaja, kommt mal her, ihr beschissenen Lullen! Mit fünf Schachteln wieder auf'm Bahnsteig. Alles prima, nur der Zug ist weg. Wieder zurück in den Wartesaal. Zu den Abfluss-Rohrlingen. Zu den vom Schicksal fast Zerschmetterten. Ich verteile Kleingeld. Sie erzählen. Einer schluchzt. Ich weine. Zwischendurch ein Nickerchen. Schrecke hoch. Meine Kameraden der Nacht sind weg. Dämmere dem ersten Zug entgegen. Im Morgengrauen Abfahrt nach Hamburg über Frankfurt/Main. Dichter sind Wahrsager. Rühmkorf in »Mit den Jahren ... Selbst III/88«: Womit wir, liebe Oldtimerfreunde, auch schon wieder am Schluss von unserem heutigen »Musikexpreß« wären. Ich sage Bye-bye für heute. Ich grüße ganz besonders noch einmal unsere treuen Hörerinnen Gina, Tina und Angelina, zurzeit in Taormina. Aber bevor wir jetzt gleich an die Nachrichten weitergeben, noch kurz eine Suchmeldung der Bahnhofsmission in Owschlag, Kreis Rendsburg/Eckernförde. »Vermisst wird seit dem 24. Oktober der Übergangsreisende Leo Doletzki. Er ist neunundfünfzig Jahre alt, ein Meter einundachtzig groß, schlank und trug zuletzt einen cognacfarbenen Wildledermantel und eine karierte Schirmmütze. Der alte Herr ist vermutlich geistesgestört und irrt orientierungslos in der Gegend umher. Hinweise nimmt jede Polizeidienststelle entgegen.« Gegen Mittag betritt der verschollene Reisende Naura – Doletzki, bar jeglichen Gepäcks, ungewaschen und voll violetter Gedanken, Hamburger Boden.

Bauchspeicheldrüsen-Blues*

Ptaaaah! Toch – Toch – Toch – Safuzwdaidse?
Das Oberschwein hält im Parlament eine Rede.
Proximpkahhhhhhhhh – Dat – dat – dat – Schlurrogott.
Das Ewige in der Brunst? Menschliches Ohr auf dem Rücken
    der Maus.
Xitaaaaaaaaaaaaaaaaaah! Chooooooooooooooooooooooooh!
RIESEN-BRÜSTE-fest u.prall-Schlk. Body, braungebr. Heiße
    Dessous.
Achllllmnoooooooh! Pitzebara! Toch – Toch – Toch –
    Ambrrrtabaah!
Aggression ist eine Grundmacht des verkaufsoffenen Sonntags.
Blaubrrrrrontologisches Gutachten fruuuuurtlagacistisch!
Nicht so verschlafen gucken, Miss Hill, bitte.
Klexigramatafasan! – Mrott – Mrott – Mrott –
    Wronskalamandanto?
Cecil Taylor besteigt die Violine von Anne-Sophie Mutter.
Frooooooooooooootomobil – Xong – Xong – Xong –
    DDR-ommel
Zentralquartett? Vier Grottenolme (Proteus anguinus) aus
    dem Elbsteinsandgebirge.
Lutenbluten! – Gum – Gum – Gum – Consommeralabax?
Wer fliegt hier wem um die unmaßgeblichen Ohrknorpel?
Plexgyrammophonsauzitze! – Aka – Aka – Aka – Granftotze?
Jelzin, altes Haus der Bypasskultur, tanzt eine Sarabande
    mit dem ALLMÄCHTIGEN.

* dem Zentralquartett gewidmet

Chrysokollomanzenkot-Pzurr – Pzurr – Pzurr –
   Heimatdeinesterneohbloch!
Kann auch jemand ein Feuer unterm Gewand tragen, ohne
   dass seine Kleider brennen?
Chunnnnnndebargeldalpenlandanzig! – Zap – Zap – Zap –
   Sarkomskaja!
Albert Mangelsdorff masturbiert in seine güldne Posaune.
Buuuuuuuuuuuuuuuuuuuuuuuup –
   Buuuuuuuuuuuuuuuuuuuuuuuuup!
Legt euch nieder, frierende Ferkel, wir alle landen in der
   Großen Suppe!
Kmoroburunzel – Toch – Toch – toch –
   Fibromaltasabberinstitution.
L i c h t ! Wo ist der Schalter, Du Vieh von der Führungs-
   akademie?
Bsemsiskataraktacholera – Toch – Toch – Toch – Safuszwdaidse!
   – Bauchspeicheldrüsen-Blues

Wider das Panschen!

Kürzlich auf einer Soiree mit gebildeten Menschen gewesen. Schriftsteller, ZEIT-Zentauren, erstarrte Linke, Selbstanbeter, alles nette Kopffüßler, die ihre blauen Zungen mit Sendungsbewusstsein belegt hatten. Die Gastgeberin, eine ältere, distinguierte Dame, fiel vor Schreck fast in ihre von eigener Hand bereitete Hühnersuppe, als ich ihr meine Begeisterung für Strawinskys »Sacre du Printemps« gestand. »Aber Michael, mon dieu, diese primitive Musik!« Also gut, schon wieder war ich auf der Seite der Affen gelandet. Später fiel mir ein, dass der »Sacre« auch bei Boulez in Verschiss geraten war. In seinem Buch »Anhaltspunkte/Essays« von 1979 schreibt der erfolgreiche Komponist: »So braucht es nicht zu verwundern, dass der ›Sacre‹ keine wirkliche Tragweite besessen hat – außer einer gewissen Verführung zum Dionysischen und zu musikalischem ›Ingrimm‹ – und dass das bekannteste Werk der Gegenwart auch ein Werk ohne echte Nachfolge ist. Das führte so weit, dass der Jazz lediglich mit seiner armseligen Synkope und dem unweigerlichen Vierviertaktakt als beträchtliche Erneuerung hat durchgehen können.« Pfui, das ist aber Käs', Herr Buhläs! So reagieren die chronisch Verklemmten und Ausgekühlten, wenn sie dem Jazz begegnen. Und aus ihren Beinkleidern und Windeln riecht es säuerlich. Und sie bekreuzigen sich, als hätten sie den Leibhaftigen gesehen. Womit wir bei Wynton Marsalis wären, diesem Propheten und Eiferer der reinen Jazzlehre. Er zürnt: »HipHop-Jazz, Acid Jazz, das ist nichts, gar nichts! Im Grunde genommen ist es ein Witz, weil da überhaupt nichts passiert. Diese Scheiße kann nicht fliegen, wo ist die Musik dabei?« Wunderbar, Wynton, ich liebe dich. Ich küsse deine Trompete. Hab schon immer gesagt: Das Aufpfropfen fast schon jeglicher Musik der Erde auf den Jazz ist Scheiße, weil daraus eine Bastardisierung entsteht, die, bei Licht besehen, eine Verkrüppelung ist. Und die ganze Cross-Over-Kacke wird unter Gestank dampfen wie, sagen wir, die Stinke-Fritten von McDonald's. Denn siehe: Alles hat seine Zeit. Und der Tod, dieser unbestechliche Kellner Gottes, räumt uns und unsere Taten wie abgefressene Teller ab. Es lebe der ungepanschte Jazz!

Jazz, die 60er und der Mond

Wir lagen im Schlick der Lübecker Trave und hatten den Jazz an Bord. Und über uns der Mond, bleich wie Marzipan. Dessen kultisches Fresszentrum, Niederegger, war nur wenige Kilometer von uns entfernt. Im Innern des Potts hatten wir uns unsern eigenen Mond geschaffen. Ein Gegenmodell zu der Himmelsleuchte, wie wir sie von Matthias Claudius kennen.

»Stille, glänzende Freundin,
Ich habe Sie lange heimlich geliebt; als ich noch Knabe war, pflegte ich schon in den Wald zu laufen und halb verstohlen hinter Bäumen mich nach Ihnen umzublicken, wenn Sie mit bloßer Brust oder im Negligé einer zerrissenen Nachtwolke vorübergingen ...«

Auch der Mond Baudelaires ließ uns kalt.

»O Mond, den im Stillen unsere Väter verehrten
Hoch in den blauen Gefilden, im Strahlengemach,
Vom Aufzug der Sterne gefeiert, sie folgen dir nach,
Meine alte Cynthia, du Lampe der Höhlengefährten,
Siehst du die Liebenden glücklich im Bett, dem begehrten,
Der Zähne Email entblößend im Schlafe danach? ...«

Unser Mond war der des Cape Canaveral, laut und aggressiv. Wir hassliebten ihn. Wir waren nicht die ersten. »Blue Moon« von Richard Rogers beginnt mit diesen Worten: »Once upon a time, before I took up smiling I hated the moonlight.« Wir färbten den Mond um, diesen schweigenden Bastard, diesen ewig Fremden, diesen, wie Schopenhauer sagt, alles Sehenden, den an nichts Anteil Nehmenden. Unser Mond war rot und schrill und gezackt. Wie eine Hure von Otto Dix. Unser Mond war wie die Sonnen des van Gogh. Und der Chorus von

»Blue Moon« klang aus unseren Kehlen so: »Rrrr-ed-ed-ed-M-M-M-oo-oo-oo-n,yyy-ou-ou-ou-sss-aw-aw-aw-mmm-ee-stststst-an-an-anding-ding-ding-a-a-allll-one-wi-wi-without-thout-thout-aaaa-dr-dr-dr-eam-eam-eam-iiii-n-n-n-m-m-my-h-h-h-heart.« Wir schmiedeten den Hardbop auf der Bühne, dass die Noten flogen. Joe Nay war der größte Einheizer an den Trommeln. Das Quintett hob ab, schien zu brennen. Noch heute strahlt es Hitze unter der Asche ab. Das »Hamburger Abendblatt« wunderte sich: »Leider viel zu wenig beachtet. Hier gibt's herrliche Balladen und noch herrlicheren ›funky blues‹. Man staunt: Dieser mitreißende Jazz wird in Deutschland gespielt.«

Jazz, die 70er und ISIIDS

Ich hatte die Losung ausgegeben: »Leute, vergeßt nicht: ISIIDS! In Worten: ›It stinks if it doesn't swing‹.« Unser Credo war nicht unbedingt die Anbetung des Ellington'schen Imperativs. Wir verehrten aber eine Energie, die den Jazz erst zu dem macht, was er ist. Eine wundervolle, von einem Puls angetriebene Musik. Der Swing, den wir anstrebten, war schwebend, war irgendwie verschwommen wie die Bilder des englischen Malers William Turner. Das Ziel war, eine Improvisations-Ebene zu schaffen, die es dem Quartett ermöglichte, sozusagen pastellartig zu spielen. Eine Antimusik zum Hau-den-Lukas des Techno unserer Tage. Und auch ein Kontrapunkt zum aktuellen Fleddern historischer oder exotischer Musik. Hildegard von Bingen und die wunderbaren Klänge der Tuareg-Frauen wurden von uns verehrt und nicht angetastet. Die ZEIT schrieb: »Die Platte, nach acht Jahren Pause die erste des Jazzpianisten und Comboleiters Naura, enthält acht sehr fein temperierte, überaus subtil gewebte Stücke, denen ausdrücklich eigene, nur knapp skizzierte Themen zugrunde liegen. Besonders anregend auf dieser Platte ist das sensible Improvisieren eines hochmusikalischen, aufeinander hörenden Quartetts.«

Das DDR-Raumschiff

»... das Gefängnisradio wurde abgestellt, es herrschte Grabesruhe.«
CHARLES BUKOWSKI

Die DDR ist tot. Im Eimer. Das heißt: fast. Es gibt Überlebende. Ihnen ist es gelungen, mit dem Raumschiff »Mir« zu entkommen. Modernste Technik sichert ihnen das Überleben für die nächsten 100 Jahre. Sauerstoff gewinnen sie aus ihrer eigenen Scheiße. Lebensmittel liefern ihnen ihre Haarschuppen. Ihre Seborrhöe-Speise sieht aus wie Grießbrei. Schmeckt vorzüglich. Zu den DDR-Raumfahrern gehört eine Jazz-Band. Die bietet feinsten Sozialismus-Sound. Sie zirpt, schrammelt, honeckert, bimmelt, beult, broilert und ulbrichtelt. Nur eines haben die DDR-Astronauten leider nicht im Griff: ihre Seele. Die Folgen sind neurotisches Nasenbluten, Intonations-Schwächen, Sehstörungen, Impotenz und Inkontinenz. Sie trauern irgendwie vor sich hin. Wen sollen sie verehren? Wen hassen? Sie fühlen eine entsetzliche Leere. Jetzt weiß der Kommandant des Raumschiffs, dass sie wieder mal auf der Erde landen müssen. Die Mir geht auf Regenerationskurs.

    Die Musiker proben die aktuellen Trends des blauen Planeten. Man möchte en vogue sein. Das Raumschiff landet nachts bei Hamburg. Agenten der Mir haben ein Konzert für den folgenden Abend organisiert. Als sich der Vorhang in der Musikhalle hebt, erheben sich die fast 1000 Anhänger der Mir und singen: »Großer K., wir loben Dich.« Dann fällt man zu den heimatlichen Sounds der Mir-Combo in Trance. Danach küsst man den Weltraum-Genossen Hände und Füße. Der Kommandant segnet Säuglinge, die ihm tränenüberströmte Mütter entgegenstrecken. Die Combo wird unter dem Absingen der

Internationale zum Raumschiff gebracht. Beim Abheben des riesigen Luftgefährts ertönt ein tausendfaches Schluchzen. Man sinkt auf die Knie und spricht ein Dank-Gebet. Die Nasen rinnen vor Rührung. Als die Mir in den Weiten des Weltalls verschwindet, beginnen ihre Anhänger das heilige Gras des Landeplatzes zu verzehren. Man tut dies mit einem Leuchten im Gesicht, als hätte man es mit Reliquien zu tun. Es ereignet sich eine Frühgeburt. So geschehen anlässlich eines Konzerts von Manfred Krug an der Elbe.

Frikadellen, Wolfgang Dauner und das Mucken

Es war an einem sonnigen Novembertag. Christina stand in der Küche und bereitete ihre überirdischen Frikadellen. Ein wunderbarer Duft schwebte durch das Haus. Das Radio dudelte. Klassik-Radio mit den grinsenden Ansagern. »Da läuft Dauner«, sagt Christina, »die Ansagerin hat ihn als einen der besten Pianisten der Welt angekündigt.« Ich raus in die Küche und, tatsächlich, mein alter Freund Dauner schleimt sich durch Nullachtfuffzehnstreicherharmonienberge. Mir stockte der Atem. Selten so eine Sorglosigkeit gehört. Sorry, Wolfgang. Ein Klang-Seim auf dem Niveau von Richard, dem Pianisten der Einfalt. Oder sind's die Weiber? Das Schlimme: Nach deinem Opus senden sie gleich Beethoven. Schmeichelhaft? Ich sage: eher komisch und furchtbar. Ich flüchte mich in die Bibel. Zu den Klageliedern Jeremias: »Herr, schaue und siehe doch, wen du so verderbt hast.« Andererseits gab es Zeiten, die waren finanziell so mager, so elend, dass sie nach einem Zubrot schrien. Wir Jazz-Musiker nannten diese abschweifenden Prostitutions-Arbeiten »Mucke«. In den 60er Jahren muckte ich wie ein Geisteskranker für die Werbung. Ein Werbe-Spot im TV braucht Musik. Und die lieferte ich. Es war ein gut bezahltes, jauchiges Klangsoßen-Business. Die Produkte: Gardinen, Kaffee, Zigaretten, Kekse. Während Marianne Koch im Fernsehen für eine Gardine lächelte, ertönte im Hintergrund mein »Werk«. Das war der Klang-Köder. Der Zuschauer war die Ratte. Meinen Freund Schlüter nannte ich in jenen Tagen »Träger der Alfred-Hause-Tango-Socke in Gold« und »Inhaber des James-Last-Lustig-Ordens mit Brillanten und Schwertern«. Während ich als Werbe-Hurenbock im Geheimen arbeitete, feierte

Schlüter öffentlich mit Last und Hause geradezu altrömische Zustimmungs-Orgien. »Wolf« Schlüter ist einer der gutmütigsten und fleißigsten Musiker, die ich kenne. Von seiner künstlerischen Potenz ganz zu schweigen.

Miriam in Berlin

»Allmählich wurde dieses harte Geräusch dann durch das Knistern eines Seidenkleides ersetzt, und dies, zunächst ganz schwach, kam näher und näher und schwoll zu einer solchen Mächtigkeit an, dass die Wände bebten und das Zimmer in einer wispernden Woge versank. Mrs Miller erstarrte und öffnete die Augen zu einem dumpfen Geradeausstarren. ›Hallo‹, sagte Miriam.« So endet Truman Capotes gespenstische Erzählung »Miriam«. Sie beeindruckt mich bis auf den heutigen Tag. Und sie war es, die mich zu einer, sagen wir, kubistischen Komposition inspirierte, in der lange Pausen eine wesentliche Rolle spielen. Pausen, die nicht ausgezählt, sondern die durch das Tauschen von sanften Blicken umgesetzt werden. Als Wolfgang Schlüter am 3. November 2001 in Berlin den Deutschen Jazz-Preis entgegengenommen, Siegfried Schmidt-Joos eine vor Witz vibrierende Laudatio gehalten hatte, kam die Stunde der Praxis. Schlüter und ich spielten 8 Miniaturen, davon 6 aus meiner schmutzigen Feder. Wir intonierten auch »Miriam« mit den extrem langen Pausen, in denen das bläuliche Nichts herrschte. Die Verwandlung der Capote'schen Psycho-Studie in Musik begann wie vorgesehen. Aber dann, aus heiterem Himmel, fiel ein Blackout über mich her. Freud würde vielleicht von einer »psychogenen Störung« reden. Aber es gibt auch profanere Gründe für Irritationen auf der Bühne. Der Flügel, wie eine frigide Frau. Das Pedal, wie ein Taliban-Hinterhalt. So ungefähr war's in Berlin. Aber ich gebe eher Sigmund Freud Recht. Analog seinem Essay »Die psychogene Sehstörung in psychoanalytischer Auffassung« würde er mein Versagen diagnostizieren als das »eines Hysterikers mit spontan entwickelter Spielstörung«. Danke, Herr Professor! Wir beide wissen: Jazz ist Spontaneität. Aber vielleicht ist alles noch viel subtiler, abgründiger. Vielleicht war mein Murks ein maskierter Kommentar zur Preisverleihung. Egal, wir brachten die Miniaturen gut zu Ende und stürzten uns in eine lange, superfeuchte Nacht. Coda: Überm Eisbein sagte meine Frau Christina: »Von weitem seht ihr aus wie ein biblisches Duo. Der eine blind (meine Sonnenbrille), der andere gehbehindert, aber sie haben einander.« Tage später habe ich einen Traum. Auf der Bühne ist Wolfgang Schlüter. Er hat in einem pompösen Sessel Platz genommen. Im Parkett haben sich 900 Gäste erhoben und blasen auf 900 Kämmen das »Lied von der postmodernen Beliebigkeit, in der die Kleinen krabbeln wie Läuse«.

Zuletzt noch ein Ratschlag. In seinen »Essays« schreibt Michel de Montaigne über »Rangmerkmale ohne materiellen Wert«. Ungewöhnliche Verdienste sollten belohnt werden durch das »Privileg, in der Kutsche durch die Stadt zu fahren, sich nachts von Fackelträgern begleiten zu lassen«. Auf den Deutschen Jazz-Preis bezogen, bedeutet das: Die DM 20 000 werden umgerubelt in Taxifahrten durch Berlin, Räusche in der »Paris Bar« und Logis im »Adlon«. Und das kostenlos und lebenslang.

Der Mutant 157

Der Jazz kommt mir vor wie ein Patient. Besser gesagt, wie ein Versuchskaninchen. Wie weit kann man den Jazzfestivals das austreiben, wofür sie doch angetreten sind? Hier wird keinem Purismus das Wort geredet, sondern die Frage gestellt, ob es gut ist, wenn sich die Jazzfestivals in Konzerte unter der Überschrift »Aus jedem Dorf ein Hund« verwandeln. Ich gebe zu, dass im Zuge der Globalisierung eine Art »Reinheitsgebot« lächerlich wirkt. Ganz abgesehen davon, dass man schnell in die Nähe des »Arischen« gelangt. Pfui Teufel. Der Philosoph Peter Sloterdijk hat gerade eine aberwitzige Diskussion eröffnet. In der Süddeutschen Zeitung schreibt er: »Demokratie statt Begabung: Die Rede ist von dem Aufkommen einer offensiven, demokratisch verbrämten Massenkultur, für die amerikanische Soziologen den programmatischen Ausdruck low culture geprägt haben, und von ihrer immer selbstbewusster werdenden Konkurrenz mit dem, was bis dahin als Kultur überhaupt, als Kultur ohne Beiwort, gegolten hatte. Der Erfolg dieser Bewegung hat sich vor allem darin erwiesen, dass die Manifestationen der bisher allein regierenden Kultur es sich gefallen lassen mussten, als high culture etikettiert zu werden – wobei in dem Wort high culture das Verdikt der Zukunftskultur über die Vergangenheitskultur sich schon heraushören lässt. Dass das Niedere dem Hohen den Rang abläuft – das ist die Generaltendenz des Kunstbetriebs im 20. Jahrhundert, und dass die Niedrigbegabten ihre Gleichberechtigung mit den Hochbegabten erkämpfen, das ist das Gesetz der modernen ästhetischen Entropie. Das latente Thema in der Kultur des 20. Jahrhunderts ist der Vorrang der Demokratie vor der Begabung. Alles Weitere ergibt sich aus diesen Feststellungen. Wenn im 19. Jahrhundert und bis in die fünfziger, sechziger Jahre des 20. die Hochbegabten und ihr Publikum durch die Klammer der Verehrung miteinander verbunden waren, so löst sich, durch den entspannenden Triumph der Massenkultur bedingt, diese Liaison, die das Geheimnis der Hochkultur ausmachte, mit einer bedenklichen Beschleunigung immer weiter auf. Jetzt, in der postgenialen Kultur, dürfen sich die mittleren Talente und ihr Anhang als die wahren Herren der Lage erkennen. Das leistungsbereite Mittelmaß ist so gut wie überall an die Macht gekommen; es denkt nicht daran, seine Ansprüche zu rechtfertigen. Die Selbstverständlichkeiten des Zeitalters sprechen für es. Jetzt sind es die immer noch Außerordentlichen, die man früher ohne zu erröten Genies genannt hätte, die unter Legitimationsdruck geraten, weil sie nicht mehr in die Szene passen. Und wie sollten sie sich auch in die neu-glatten Verhältnisse fügen, da Begabung offensichtlich eine vordemokratische Größe ist.«

Da: *Das Genie.* Dort: *Der Pöbel.* So weit sind wir also. Danke, Herr S. Jetzt weiß ich, was ich von Bob Dylan zu halten habe. Falle ich wieder auf die Knie vor dem auch von den Herrenmenschen des 20. Jahrhunderts geschätzten Beethoven? Keineswegs! Meine Freude an Salif Keita kann mir keiner nehmen. Nehmen kann mir aber auch keiner die Sorge, dass Jazz zur Quantité negliable verkommt, wenn man Jazzfestivals sozusagen mutieren lässt per Kastration.

Choral für Rex Gildo

Choral für Rex Gildo

Auf ein Wort

Wenn der Mensch in tiefer Not ist und keinen Ausweg mehr weiß, dann stürzt er sich aus dem Fenster, vor den Intercity, gibt sich die Kugel, das Gift, den Strick. Das ist sehr traurig, und das war schon immer so. Mit dem Selbstmord des Schlagersängers Rex Gildo, der 63 Jahre alt wurde, hat sich jedoch mehr selbst gerichtet als ein verzweifeltes Wesen. Ein ganzer Phono-Zweig, der die Massen nach musikalischem Schrott süchtig macht und damit zur Verblödung der Gesellschaft, zu ihrer Betäubung beiträgt, wird blitzartig überdeutlich. Aus dem Schlager-Prototypus Gildo war ein dualistisches Unterhaltungssystem abzulesen: Die Verbindung grässlich leichter Musik und deren Präsentation auf attraktivsten Plätzen in den Medien.
In dieser süffigen Liaison, die bei großen Teilen der Nation zu einem Dämmerschlaf auf den Kissen der Musik führt, weil sie den kleinsten Nenner anbetet und keinen anstrengt, war Gildo der Prinz. Die Tragik alternder Künstler war schon immer beklagenswert. Aber Rex Gildo war auf eine besondere Art tragisch. Er hat soviel Billig-Musik in den Mund genommen, dass ihm eigentlich alle Zähne hätten ausfallen müssen. Er wird mit ins Grab nehmen, ob er allein daran schuld war, dass er mehr und mehr zum Hossa-Hanswurst verkam. Ich sage, er hätte mehr in den Spiegel schauen müssen. Dann hätte er vielleicht bemerkt, wie weit er bereits manipuliert worden war von der Macht des Geldes, die in unserer Wohlstandsgesellschaft aus allen Schlagerrohren fließt. Wenn es eine Instanz gibt, die über den Wolken dem Gestrauchelten und auch dem vom Deutschen Fernsehen zum Affen gemachten wieder seine Würde zurückgibt, dann ist jetzt ihre Stunde gekommen.
Friede deiner Seele, Rex Gildo!

CDU-Landtagsfraktion Schleswig-Holstein
Kommentar von Michael Naura zum Tod des Sängers Rex Gildo

Sehr geehrter Herr Naura,

um es vorweg zu sagen, ich habe große Achtung vor Ihrem musikalischen Wirken – ich habe schon in den 60er Jahren im Barett in Hamburg Ihre Musik bewundert –, und die Musik von Rex Gildo ist nicht im entferntesten meine musikalische Welt.

Doch Ihr Kommentar zum offensichtlichen Freitod von Rex Gildo ist eine Entgleisung und offenbart eine intellektuelle Arroganz, die viele anders denkende Menschen beleidigt. Die Tragik dieses Musikers zum Anlass zu nehmen, gegen dieses Genre, das ehrlich trauert, insgesamt zu Felde zu ziehen, denn anders kann Ihr Beitrag nicht verstanden werden, zeugt von einer viel zu engen Sichtweise und lässt jede notwendige Toleranz vermissen. Es gibt schließlich einen großen, nicht gerade kleiner werdenden Markt dieser Musik und damit auch einen großen Verbraucherkreis. Dieser muss sich nicht von Ihnen als verdummt verurteilen lassen.

Schließlich bleibt der moralisch menschliche Aspekt. Darf man die direkt Betroffenen am Tage des Todes mit einem solchen Zynismus beleidigen? Ich meine, nein!

Über Neuerungen
oder: Der Chor der unartigen Frauen und Männer

Kürzlich träumte ich von Francis Bacon, dem englischen Philosophen: Ich saß saufend mit ihm in einer Spelunke. Während er einer Dirne die Titten auspackte, sagte er zu mir: »Wie neugeborene Lebewesen anfänglich ohne rechte Gestalt sind, so auch alle Neuerungen, die von der Zeit geboren werden. Aber ebenso wie diejenigen, die als erste Ansehen in ihre Familien bringen, in der Regel verdienstvoller sind als ihre Nachfolger, so wird auch das ursprüngliche Muster, falls es gut ist, selten von der Nachahmung an Güte erreicht.« Dann merkte ich, wie jemand mir die Bettdecke vom Leib zog. Es war meine Frau. The one and only Christina. Sie sagte: »Guten Morgen, du Trunkentropf, es ist Zeit für Mittag.« Dann saß ich am Tisch, löffelte die Suppe und dachte an meinen Traum. Kann man Bacons Lehrsatz auf den Jazz beziehen? Auf den Chor der unartigen Frauen und Männer? Aber, zum Teufel, sind sie heutzutage wirklich noch unartig? Maßlos wie Fats Waller? Ich fürchte, nein! Die meisten Nachfahren von Lester Young sind Pappnasen. Dem Schaum von »Vogue« Entstiegene. Ich hab sie satt, diese pomadigen Figuren. Es lebe Billie Holiday mit ihrer kaputten Leber! Und, Freunde: »Vom Dreck ergriffen steht die Menge da.« Haste Recht, oller Rühmkorf. Dieser Menge eins in die Fresse. Das ist die Parole!

Nachzügler

Liebes Klavier, verdammt!

Mein erstes Tasteninstrument war ein Akkordeon. Ein kleiner, kläglicher Wimmerkasten. Mein ehrgeiziges Mütterchen brachte mich zu einem Quetschkommoden-Lehrer. Und der war ein Sadist. Immer, wenn ich falsch spielte, schlug er mir auf die zarten Knäblein-Finger. Das Schwein! Ich desertierte. Aber meine treffliche Mama gab nicht auf. Sie kaufte ein Klavier, und da saß ich nun vor diesem schwarzen Kasten und brachte mir die Töne selbst bei. Noch ahnte ich nicht, dass Klavier-Ruinen für eine lange Zeit mein Schicksal sein sollten. In den Jazz-Kaschemmen der 60er und 70er Jahre waren syphilitische Klaviere der Standard. Gut, man stellte uns auch kleine Flügel hin. Aber die waren so erschöpft und klangen so verbraucht wie Prostituierte nach 50 Dienstjahren. Die Ironie der Geschichte ist, dass man mit der Invalidität dieser Instrumente die aberwitzigsten Klänge erzeugen kann. Man muss nur nasse Lappen, Ketten, Ziegel und andere Kleinigkeiten auf die Saiten legen. Heutzutage normales Repertoire in Avantgarde-Exzessen. Dann aber die Erlösung! Der NDR heuerte uns an, holte uns aus den Luder-Gruben. Das bedeutete, besonders für mich: Ich betrete einen neuen Kontinent. Plötzlich befand ich mich im hanseatischen Sonnenlicht geordneter, fast bräsiger Verhältnisse. Ein Fluch besonderer Art. Aber das stellte sich erst viel später heraus. In den edlen Studios des Hamburger Funkhauses standen schwarz, glänzend und gebieterisch einige Steinway-Flügel. Jene Wunder-Tasten-Kathedralen, von denen Martha Argerich schwärmt: »Der Steinway übt manchmal einen seltsamen Zauber aus. Er spielt dann besser als der Pianist, und dies ist eine wunderbare Überraschung.« So ist es. Ich will mich keinesfalls mit Madame Argerich vergleichen, aber einmal ist mir diese »Tasten-Marienerscheinung« begegnet. Das war in Bayern. Ich gab ein Konzert in einer Kloster-Bibliothek. Irgendwie unheimlich. Man hat den Eindruck, als würde man im Flügel verschwinden. Als würde man vom Instrument gefressen. Vielleicht meint Glen Gould diese Gefahr, wenn er 1963 an den lettischen Pianisten V. Krastins schreibt: »Meiner Ansicht nach ist eine Bereitschaft erforderlich, die Glamoureigenschaften des Klaviers, wenn man so will, aufzugeben ...« Der Mensch ist nicht nur das, was er isst, sondern er wird auch durch das Instrument definiert, welches er spielt. Alfred Brendel stellt trocken fest: »Musizieren und Steinway sind für mich eins.« Friedrich Gulda, mein Bruder im Geiste, hat zu diesem Thema bemerkt: »Und da muss ich die Meisterschaft vom Herrn Rubinstein und vom Herrn Michelangeli – von mir selber einmal abgesehen, in aller Bescheidenheit – muss ich wirklich bewundern. Wenn die das Instrument angreifen, dann klingt das, das ist wunderbar, und es gibt andere, die hacken darauf herum, auf den besten Instrumenten, und es ist zum Kotzen.« Gut geschäumt, Kollege! Aber bitte bedenke auch dies: Mögen die Flügel noch so himmlisch sein, Radio-Studios haben diese edle Sterilität, die sich auf Jazz und Hoden wie Eisregen legt. Das Brüllende, das Hitzige, das Schweißüberströmte, das Riskante, das Außersichsein, das alles ist vorbei. Einsam und konzentriert schaut der Toningenieur durch das Fenster der Regie. Wie aus einem Bild von Edward Hopper. Dann: »Achtung, Aufnahme, Band läuft.« Nicht nur das Band. Manchmal lief mir vor Frust die Nase. Und dann musste ich raus in die Nacht, um irgendwo Jazz zu kotzen. Bis eine Gegenwelt entstand, die der Hölle ähnelte: dunkel, kreativ und anarchisch. Und in diesen Nächten traf ich meine Krüppel-Klaviere wieder. Meine Kinderchen, die so wunderbare, unartige Töne von sich gaben. Und was spielte ich in diesen tobsüchtigen Jam-Sessions? Meine amerikanischen Vorbilder! John Lewis,

Thelonious Monk, Horace Silver. Meister der Piano-Ökonomie. Ich hatte die Rolle des Begleiters gewählt. Und das bedeutete: Lass die Solisten tanzen und toben! Typen wie Wolfgang Schlüter, den Schnellen Brüter des Vibraphons. Stoisch ziehst du deine Piano-Runden. Unerschütterlich! Ich war das Groove-Fundament, auf dem die Improvisations-Tiger ihre Zähne fletschten. Das hatte seine Schattenseiten. Gerald Moore, mein Piano-Kollege aus der Klassik, berichtet: »Es besteht gar kein Zweifel darüber, dass der Begleiter in ›der guten, alten Zeit‹ einer niedrigeren Kaste angehörte als der Solist.« Der Begleiter eine Maus? Diese verdammten Zeiten sind vorbei! Was wäre denn aus Miles Davis in »Kind Of Blue« geworden, hätte er nicht das überirdische Klavierspiel von Bill Evans gehabt? Oder: Gibt es ein menschlicheres Zusammenspiel als das von dem Flügelhornisten Clark Terry und dem Pianisten Oscar Peterson? Peter Rühmkorf hat mir sein Gedicht »Haltbar bis Ende 1999« gewidmet. Dort steht geschrieben: »Für Michael Naura, den Kropotkin des Pianos.« Zuerst stutzte ich. Ist das nun gut oder nicht? Aber ja doch! Peter Kropotkin (1842–1921) war ein Mann nach meinem Geschmack. Ein kommunistischer Anarchist. Wobei wir wieder bei der Musik wären. Ich sage immer: Mit einem Finger kann man dem Kontrahenten einen Vogel zeigen. Mit zwei Fingern hat der Vibraphonist Lionel Hampton wie verrückt Klavier gespielt. Mit zehn Fingern kann man zwei Fäuste ballen. Und damit Free Jazz spielen. Oder einem aufs Maul hauen.

Jazz ist [1]

Ein Tornado? Eine stille Schlucht? Ein Säugling? Eine idiotische Hypothese? Ein Staunen? Eine unverschämte Behauptung? Ein Mysterium? Eine entsicherte Waffe? Ein Angriff? Eine ausweglose Lage? Ein Kuss? Eine nette Bescherung? Ein Rätsel? Eine blutige Affäre? Ein Flugzeug? Ein silbriger Lachs? Ein Schwur? Eine sagenhafte Idee? Ein Zoo? Eine verwirrte Kritikerin? Ein Lachen? Eine abgetragene Hose? Ein Geschwür? Eine blaue Periode? Ein Volksaufstand? Eine hässliche Schuhcreme? Ein Apfel? Ein schändlicher Leitartikel? Ein Nicken? Ein geständiger Mörder? Ein Gebet? Eine frierende Menge? Ein Blutsturz? Eine aufgeschnittene Melone? Ein Dämon? Eine dampfende Suppe? Ein Gedanke? Eine schlafende Greisin? Ein Schlittschuh? Eine lächelnde Hure? Ein Schluckauf? Eine kalte Hand? Ein Schwert? Eine falsche Bewegung? Ein General? Ein rasierter Kopf? Ein Anschlag? Eine präzise Luftwaffe? Ein Dienstag? Eine letzte Warnung? Ein Wetterleuchten? Eine politische Scheißhausparole? Ein Finger? Eine düstere Indiskretion? Ein Kalb? Eine grässliche Gewissheit? Ein Taliban? Eine salzige Tütensuppe? Ein Präsident? Eine finstere Oper?

Anm. 1: Jazz in 60 Fragen.

Nachwort

Der Wind ist umgesprungen
ich hab' dein Herz errungen
mit Armstrong, hell und klar
Du hast den Blues gesungen
Ich bin dem Wahn entsprungen
und höre Coltrane, wunderbar.

NAURA

Textnachweise

Peter Rühmkorf, Haltbar bis Ende 1999, in: »Haltbar bis Ende 1999«. Gedichte, Rowohlt Taschenbuch Verlag GmbH, Reinbek 1987, S. 62

Sounds aus dem Blätterwald
Thelonious Monk, in: »du«, März 1994
Der Begleiter, in: »du«, April 1992
Cecil Taylor, in: »Der Spiegel«, Heft 46 v. 11.11.1991
Wynton Marsalis, in: »Der Tagesspiegel«, Nr. 17380 v. 15.4.2001
 (Wynton Marsalis: Marsalis Plays Monk. Standard Time Vol. 4; Columbia)
Dave Brubeck, in: »Der Tagesspiegel«, Nr. 17254 v. 6.12.2000
Albert Mangelsdorff, in: »Der Tagesspiegel«, Nr. 17220 v. 2.11.2000
Frank Sinatra, in: »Die Zeit«, 20.5.1998
Pat Metheny, in: »Die Zeit«, 26.3.1998
Hildegard Knef, in: »Die Zeit«, 25.11.1999
 (Hildegard Knef: 17 Millimeter; Red Moon 3984-29736-2)
Miles Davis, in: »Die Zeit«, 8.4.1998
Jan Garbarek, in: »Die Zeit«, 8.10.1998
Abdullah Ibrahim, in: »Die Zeit«, 7.10.1999
Stan Getz, in: »Die Zeit«, 20.4.2000
 (Stan Getz: People Time; Gitanes 510 135. Stan Getz and the Oscar Peterson Trio; Verve 827 826. Focus; Verve 521 4192. Getz/Gilberto; Verve 521 4142. Getz meets Mulligan in Hi-Fi; Verve 849 392. Serenity; EmArcy 838 770)
Moscow Art Trio, in: »Die Zeit«, 10.8.2000
 (Mikhail Alperin: Portrait; Jaro 4227-2. Moscow Art Trio: Hamburg Concert; Jaro 4201-2. The Bulgarian Voices, Moscow Art Trio, Huun Huur Tu: Mountain Talk; Jaro 42142)

Bill Evans, in: »Die Zeit«, 23.11.2000
  (Bill Evans Trio: The Last Waltz, The Final Recordings Live
    At Keystone Korner; Milestone 8 MCD-4430-2)
Lester Young, in: »Die Zeit«, 16.12.1999
Keith Jarrett, in: »Die Zeit«, 2.8.2001

Naughty By Naura
Ruhe sanft, Jazz / Music and all that Jazz / Konvention und Jazz / Welchen Jazz hört Gott?, alle in: »Jazzthetik«

Alle anderen Texte sind Erstveröffentlichungen.

Michael Naura
Werke (eine Auswahl)

Aktuelle CDs

Wondratschek liest »Das Mädchen und der Messerwerfer«
Musik: Michael Naura und Wolfgang Schlüter
Mood Records 6522

»Call«
Michael Naura Quartett
Universal/MPS 543 111-2

»Michael Naura Quintett«
Brunswick/Universal 543 128-2

Zwei Kompositionen und ein Hörspiel

»Der Turmbau zu Jatzikistan«
Suite in 6 Sätzen für Violoncello, Klavier, Vibraphon und Perkussion nebst einem Sprecher.
Uraufführung März 2002 im Gewandhaus zu Leipzig.

»Bauchspeicheldrüsen-Blues«
Klang-Spektakel für einen Sprecher, Violoncello, Vibraphon und Perkussion.
Uraufführung März 2002 im Gewandhaus zu Leipzig.

»Der lange Sturz«
Hörspiel über den Trompeter Chet Baker
Norddeutscher Rundfunk, Hamburg. Erstsendung: 2002

Texte

»Mythos Nigger oder: Der Baumwoll-Gulag. Eine Collage«, in: DuBose Heyward, »Porgy«. Manesse Bibliothek der Weltliteratur 2001.

»Kleines Wörterbuch der Tonkunst«. Darin: »Jazz«. Residenz Verlag 1999.

»Atemzüge«, in: Regula Venske (Hg.), »Warum leben?«. Scherz Verlag 2001

»Meschugge«, in: Regula Venske (Hg.), »Warum heiraten?«. Scherz Verlag 1999.

»Gelbe Erbsensuppe«, in: »Cotta's kulinarischer Almanach 1997/98«. Klett-Cotta.

»Phönix Voran«. Buch-Tonkassette. Peter Rühmkorf/Michael Naura/Wolfgang Schlüter. Rowohlt 1987.

»jazz – toccata / Ansichten und Attacken«. Reinbek bei Hamburg 1991.

Filme für Arte/NDR
Regie: Manfred Waffender; Produktion: Michael Naura

Pat Metheny in Deutschland Are You Going With Me	69'45"	(1985)
La Paloma – Carla Bley	60'	(1985)

Sketches of Spain – Miles Davis	44'40"	(1986)
The Comedy	38'41"	(1988)

Sing, Sing, Sing   60'   (1990)
Ein Film über die Swing-Ära
zur Musik von Benny Goodman

About 4 – Kronos Quartet   62'46"   (1993)

Der Trommler – Vladimir Tarasov   39'29"   (1995)

Toots – Ein Porträt des Musikers   58'30"   (1996)
Jean Toots Thielemans

Freihändig – Der Pianist und   58'30"   (1996)
Komponist Alexander von Schlippenbach

Moscow Art Trio   60'   (1999)

Mit der Stimme tanzen   59'   (1999)
Ein Porträt der portugiesischen
Sängerin Maria João

Aufnahmen des NDR von, mit und für Peter Rühmkorf
Ausführende: Naura, Schlüter, Weber, Zadlo u.a.

Michael Naura – Wolfgang Schlüter – Peter Rühmkorf, 11.10.1975:
Kein Apollogramm für Lyrik
Michael Naura (p), Wolfgang Schlüter (vib, mar),
Peter Rühmkorf (Sprecher)
Hamburg (D), NDR-Studio, 11.10.1975

Michael Naura – Wolfgang Schlüter – Eberhard Weber – Peter Rühmkorf, 5.5.1976: Kein Apollogramm für Lyrik (Literaltrubel)
Michael Naura (p), Wolfgang Schlüter (vib), Eberhard Weber (b), Peter Rühmkorf (Sprecher)
live, 5.5.1976

Michael Naura – Wolfgang Schlüter – Leszek Zadlo – Peter Rühmkorf, 11.2.1977: Ich spiel' mit meinem Astralleib Klavier
Michael Naura (p), Wolfgang Schlüter (vib, mar), Leszek Zadlo (ts, fl), Peter Rühmkorf (Sprecher)
live, 11.2.1977

Michael Naura – Wolfgang Schlüter – Leszek Zadlo – Peter Rühmkorf, 20.12.1977: Concert for a friend
Michael Naura (p), Wolfgang Schlüter (vib, mar), Leszek Zadlo (sax), Peter Rühmkorf (Sprecher)
Hamburg (D), Musikhalle, 20.12.1977

Michael Naura – Wolfgang Schlüter – Leszek Zadlo – Peter Rühmkorf, 23.2.1978:
Michael Naura (p), Wolfgang Schlüter (vib, mar), Leszek Zadlo (sax, fl), Peter Rühmkorf (Sprecher)
Hamburg (D), Onkel Pö's Carnegie Hall, 23.2.1978

Klaus Thunemann – Michael Naura – Wolfgang Schlüter – Peter Rühmkorf, 3.6.1982: Fortsetzung folgt. Ein Märchen von Peter Rühmkorf
Michael Naura (p, fl, perc), Wolfgang Schlüter (vib, mar, perc), Klaus Thunemann (bassoon, shenai), Peter Rühmkorf (Sprecher)
Hamburg (D), Spiegelzelt, 3.6.1982

Michael Naura – Wolfgang Schlüter – Eberhard Weber – Peter Rühmkorf, 13.5.1985: Die Jahre, die ihr kennt
Michael Naura (p), Wolfgang Schlüter (vib),
Peter Rühmkorf (Sprecher)
Göttingen (D), Deutsches Theater, 13.5.1985

Herbert Joos – Albert Mangelsdorff – Leszek Zadlo – Michael Naura – Wolfgang Schlüter – Christoph Banzer – Eberhard Weber, 30.10.1989: Lass leuchten, Peter Rühmkorf zum 60. Geburtstag
Herbert Joos (flh, tp), Albert Mangelsdorff (tb),
Leszek Zadlo (sax, fl), Michael Naura (p), Wolfgang Schlüter (vib), Claus Bantzer (org), Eberhard Weber (b)
Hamburg (D), Harvestehude, Kirche St. Johannis, 30.10.1989

Michael Naura – Wolfgang Schlüter – Peter Rühmkorf, 11.12.1991: Vom Stiefel
Michael Naura, Wolfgang Schlüter und Die Vereinigten Knobelbecher: Michael Naura (), Wolfgang Schlüter (),
Peter Rühmkorf (Sprecher)
Hamburg (D), NDR-Studio, 11.12.1991

Michael Naura – Wolfgang Schlüter – Peter Rühmkorf, 5.11.1995: Jazzfest Berlin
Michael Naura (p), Wolfgang Schlüter (vib), Peter Rühmkorf (Sprecher)
Berlin (D), Haus der Kulturen der Welt (Theatersaal), 5.11.1995